米尔济约耶夫总统

乌兹别克斯坦改革时代的设计师

President Mirziyoyev

Architect of Reform Era of Uzbekistan

李自国 / 主编

世界知识出版社

图书在版编目（CIP）数据

米尔济约耶夫总统：乌兹别克斯坦改革时代的设计师 / 李自国主编. —北京：世界知识出版社，2019. 7
ISBN 978-7-5012-6119-2

Ⅰ. ①米… Ⅱ. ①李… Ⅲ. ①米尔济约耶夫—生平事迹 ②乌兹别克—概况 Ⅳ. ①K833. 627=6 ②K936. 2

中国版本图书馆CIP数据核字（2019）第240173号

书　　名　米尔济约耶夫总统　乌兹别克斯坦改革时代的设计师
Mierjiyueyefu Zongtong　Wuzibieke Sitan Gaige Shidai de Shejishi

作　　者　李自国 / 主编

责任编辑　贾如梅
责任出版　赵　玥

出版发行　世界知识出版社
地址邮编　北京市东城区干面胡同51号（100010）
网　　址　www.ishizhi.cn
电　　话　010-65265923（发行）　010-85119023（邮购）
经　　销　新华书店
印　　刷　北京宝隆世纪印刷有限公司
开本印张　720 × 1020毫米　1/16　13¼印张
字　　数　149千字
版次印次　2019年11月第一版　2019年11月第一次印刷
标准书号　ISBN 978-7-5012-6119-2
定　　价　89.00元

导 言

沙夫卡特·米尔济约耶夫就任总统后，开启了全面系统性的改革，在短短的两年多时间里，乌兹别克斯坦的政治生态、经济关系、社会面貌和对外政策焕然一新。正因为如此，经讨论，决定将本文集的书名定为《米尔济约耶夫总统——乌兹别克斯坦改革时代的设计师》。

新的执政团队 近年，米尔济约耶夫总统对干部队伍进行了大换血，政府要员，包括强力部门领导人及地方领导人全部更换，一大批“60后”“70后”官员进入高层，甚至有多位大学生被直接任命为副部级干部，形成了年轻化、专业化的全新执政团队。这是一支完全不同以往的精英集团，他们年轻，思想活跃，有改革的冲劲。

新的机构设置 这两年多，乌兹别克斯坦政府部门根据时代需要不断重新组合、裁撤或新设。如，改组了总统办公厅；削减了副总理的数量；改组国家旅游公司，成立旅游产业发展国家委员会；设立创新发展部，促进高新技术发展和科技转化；将对外经济联系、投资和贸易部拆分为国家投资委员会和外贸部，以加大引资力度，发展对外贸易。

新的执政理念 米尔济约耶夫提出了“不是人民服务于国

家机关，而是国家机关为人民服务”的思想，要求各级官员广开言路，倾听民意。总统网站开设虚拟接待室，及时回应民众的诉求。通过了《反腐败法》，对人民深恶痛绝的腐败现象开刀。执政为民的举措得到百姓拥护。

新的社会政策 乌政府推出了“社会直达电梯”培训计划等，为青年人创造更大的发展空间。提出了退休保障体系改革的构想，使养老金领取金额与缴纳时间挂钩；逐步提高退休年龄，增加养老保险最低缴纳年限等。扶持传统文化和宗教，防止青年人受到宗教极端思想影响，对已有极端思想的人实施“康复计划”。

在整个政治调整和社会政策推出的过程中，乌兹别克斯坦社会政治稳定，米尔济约耶夫声望日隆，权力日益稳固。乌兹别克斯坦权力平稳过渡和改革举措对整个中亚地区都有着重大的意义，也为后续的经济改革奠定了坚实的基础。

新的汇率政策 这是乌兹别克斯坦经济改革的标志，给乌兹别克斯坦经济关系带来“革命性”变化。乌一度存在“三种汇率”，即官方汇率、交易所汇率和黑市汇率，这种罕见的外汇管理制度使乌对外贸易陷入混乱，腐败丛生。2017年9月，米尔济约耶夫发布总统令，宣布取消外汇管制，实现市场汇率。尽管汇改对社会和物价造成一定冲击，但使扭曲的市场关系回归正常化。松绑后的企业越来越活跃，汇率也开始稳定下来，外汇储备不降反增。正是有了底气，乌兹别克斯坦不再将国际收支和外汇储备视为国家机密，而是像绝大多数国家一样将之公开。

新的贸易政策 自汇改之日起，乌兹别克斯坦加速向完全自由贸易转变，开始全面融入全球一体化进程之中。总统签发了《进一步推动对外贸易自由化和支持经营主体措施》《关于采取措施促进贸易自由化和鼓励商品市场竞争》等多份总统令，简化进出口手续，取消部分商品的许可证和出口限制。为更好地融入全球经济，乌兹别克斯坦大规模引入ISO国际标准认证体系，主动申请政府主权评级。

新的旅游政策 卡里莫夫时代，旅游业不受重视。但米尔济约耶夫执政后，发展旅游业成为乌经济政策的一个重点。米尔济约耶夫刚刚执政就发布了《关于采取措施保障旅游业加速发展》的总统令，后来又接连签署了《促进旅游产业加速发展措施实施纲要》《2017—2021年乌兹别克斯坦旅游产业发展规划》《关于进一步优化外国公民入境乌兹别克斯坦签证办理手续措施》总统令。可以说，从内到外，乌兹别克斯坦为发展旅游业做好了充足的准备。这也是乌突破传统思维、打开国门搞建设的一个缩影。

乌兹别克斯坦经济领域的巨大变化得到国际社会的广泛认可。国际货币基金组织认为，乌改革举措有助于经济长期稳定发展。世界银行认为，乌在改善营商环境方面成果突出，是营商环境改善最大的国家之一。欧洲复兴开发银行时隔十年重启在乌兹别克斯坦的金融业务。

新的周边政策 米尔济约耶夫对外交政策做出了巨大调整，将周边邻国视为外交最优先方向。米尔济约耶夫执政以来与中亚邻国领导人频繁互动，与一向关系紧张的塔吉克斯坦实现全面和解，中亚国家间的关系进入一个全新的发展阶段。在米尔济约耶夫的提议下，2018年3月中亚五国领导人举行工作会晤，首次在没有外部大国参与下尝试自行解决内部事务，包括最敏感的水资源和划界问题等。乌兹别克斯坦正成为推动中亚地区合作的新动能。

调整中的大国外交　如果说卡里莫夫时代，大国平衡外交是等距离接触，那么米尔济约耶夫时代更强调经济导向，等距离外交出现微调。与俄罗斯关系全面提升，重启了与俄罗斯的联合军事演习；经济合作全面推进，包括俄为乌兹别克斯坦建设首座核电站。对华关系持续稳定发展。米尔济约耶夫两次出席“一带一路”国际合作高峰论坛，双方在“一带一路”框架下的合作如火如荼。与美国保持积极互动。2018年5月，米尔济约耶夫对美进行了首次国事访问，美国视乌为其在中亚的重要伙伴。

积极参与阿富汗问题解决　米尔济约耶夫认为，阿富汗作为乌兹别克斯坦的邻国，其不稳定必会给地区发展带来消极影响。在米尔济约耶夫积极斡旋下，在塔什干举办了阿富汗问题高级别国际会议，正式开启了一个新的阿富汗和平进程——塔什干阿富汗和平进程。

乌兹别克斯坦外交政策调整成果突出。与中亚邻居的关系不断深化，并带动中亚合作进入一个新阶段；大国平衡外交更加娴熟，各方均将乌视为战略合作伙伴。这为乌兹别克斯坦赢得了良好的外部发展环境。

对乌兹别克斯坦近年发生的变化，国人了解不多，编者希望这本文集能够使读者全面了解米尔济约耶夫总统执政以来乌兹别克斯坦发生的深刻变化。文集中所采用的绝大多数照片（除个别编者自己拍摄的外）均是乌兹别克斯坦驻华大使馆提供并授权使用的，在此对乌驻华使馆的支持表示衷心感谢。

目 录

米尔济约耶夫改革
推动国家迈入“新时代”

【摘要】乌兹别克斯坦总统米尔济约耶夫执政两年多来，锐意改革，务实进取，在政治、经济、社会、外交等领域推行了一系列改革举措，改革的领域和进度都超出了外界的预期，使国家发生了巨大变化。乌兹别克斯坦改革的出发点是“以人为本”，改革的总目标是实现国家的现代化，改革的路径是放松社会管控、增强社会活力、大力改善对邻关系、拓展外部市场。乌兹别克斯坦改革虽取得了一定成绩，但任重道远，面临不少挑战。乌兹别克斯坦国内的改革及“一带一路”建设为中乌合作带来新机遇，前景广阔。

【关键词】乌兹别克斯坦　米尔济约耶夫　改革

【作者】丁晓星，中国现代国际关系研究院欧亚所所长、研究员。

米尔济约耶夫于2016年年底当选乌兹别克斯坦总统。执政以来，他锐意改革，务实进取，展现出“改革、亲民、务实、开放”的执政风格。两年多来，乌兹别克斯坦政府在政治、经济、社会、外交等领域推行了一系列的改革措施，并取得了良好成效，国家面貌焕然一新，民众对未来充满信心，乌兹别克斯坦进入了发展的“新时代”。

一、米尔济约耶夫改革的基本举措

卡里莫夫时期，米尔济约耶夫担任总理十多年，对乌兹别克斯坦存在的问题与改革的方向了然于胸，因此，他的改革有着清晰的行动纲领。上台伊始，2017年2月初，乌兹别克斯坦通过了未来五年的行动纲领，即《乌兹别克斯坦五大优先方向行动战略（2017—2021年）》，集中体现了米尔济约耶夫改革的思路。乌兹别克斯坦以该战略计划为统领，在政治、法律、经济、社会和外交国防等多个领域进行了全方位的深度改革，[①]拉开了乌兹别克斯坦“新时代”改革的大幕。

政治领域：米尔济约耶夫能够直面国家存在的弊端，毫不掩饰问题，不回避矛盾。他时常批评政府与各级官员工作效率低下，批评议会通过的法案“脱离实际，毫无用处”。米尔济约耶夫主张加强议会和政党在政治生活中的作用，要求议会要制定符合时代需要、促进国家发展的各项法律。要求议员们要经

① 《Стратегия действий по пяти приоритетным направлениям развития Республики Узбекистан в 2017-2021 годах》, http://strategy.regulation.gov.uz/ru/document/2，登录时间：2019年4月11日。

2017年7月12日，米尔济约耶夫总统在议会发表讲话。

常走基层，体察民情，了解民众呼声，通过能够反映广大民意相应的法律。加强议会的监督职能，各级政府的组成要经过议会的批准。适度提高公务员待遇的同时，对各级官员提出更高要求，地方官员要进行公开述职。加强公民社会建设，发挥马哈拉在公民自治方面的作用，发挥媒体的监督作用。增加地方权力，地方官员有权任命经济、社会领域的官员。

打造“专业化、年轻化”执政团队，巩固执政地位。米尔济约耶夫当选总统以来，不断采取措施巩固执政地位。两年多来，政府成员及地方领导人全部换血，一大批“60后”官员进入高层，很多人都有在经济领域工作的经验，高层官员的平均年龄大幅下降。改组政府和总统办公厅，减少副总理的数量，提高政府的办公效率，优化部委结构，新增了一些负责投资、外贸和经济发展的部门。

整顿强力部门。卡里莫夫时期，乌兹别克斯坦的强力部门，尤其是国家安全局权倾朝野，不仅控制着强力部门，也插足经济和社会等其他领域。2018年年初，米尔济约耶夫调离了掌管国安局23年的伊纳雅托夫局长，开始对国家局进行了大刀阔斧的改革，削减其权力，限制其职能，并通过了新的《国家安全局法》，要求强力部门停止对经济领域的干涉。除国安局外，内务部和检察院也都进行了类似的改革，并强化了对这些强力部门的监管。加强司法体系的独立性和公正性，树立全社会的法治观念和公民的法治意识。加大反腐体系建设，通过了《反腐败法》，建立跨部门的反腐委员会。

建立网上信访机制，解决民众反映突出的问题。米尔济约耶夫高度重视了解基层民意，他将2017年定为“与民众对话与

2017年11月17日，米尔济约耶夫总统与塔什干市民会面。

人民利益年”。建立了有效的网上信访机制。到2018年年中，收到的民众来信突破200万份，反映各种各样的问题。[①] 总统设立了专门机构，对民众的各种诉求进行及时回应。

经济领域：经济改革是乌兹别克斯坦政府改革的重点，尽管新世纪以来，乌兹别克斯坦经济保持高速发展，但总体经济发展水平较低，人均GDP仅有1500美元左右，居全球第123位。乌兹别克斯坦是中亚人口最多的国家，人口数量超过3300

① “В Виртуальную приемную Президента Узбекистана поступило свыше двух миллионов обращений”, Новость Узбекистана: https://nuz.uz/obschestvo/33855-v-virtualnuyu-priemnuyu-prezidenta-uzbekistana-postupilo-svyshe-dvuh-millionov-obrascheniy.html，登录时间：2019年4月3日。

2017年7月8日，米尔济约耶夫总统考察纳曼干州的制药企业。

万，就业压力较大，失业率高达9%。[①]经济改革的核心是减少国家对经济的干预，激发经济活力，加速工业化，创造就业岗位，加快创新发展，全面提升乌经济发展水平和竞争力，提高民众生活质量，《乌兹别克斯坦2035年前发展战略构想》提出，到2035年乌兹别克斯坦要进入全球经济50强之列。米尔济约耶夫立足于本国国情，确立了乌经济五大优先发展领域：农业、纺织业、加工业、制药和旅游业。

为加速推动工业化，2019年1月初，米尔济约耶夫签署了《协调完善国家政策实施体系促进经济发展措施》总统令，提出，为适应经济发展需求，提升经济管理体系效率，决定在原经济

---

① 《Концепция Стратегии развития Республики Узбекистан до 2035 г. 》, http://uzbekistan2035.uz/uzbekistan-2035/，登录时间：2019年4月3日。

部基础上组建经济和工业部，使该部成为乌制订和实施国家社会经济、工业发展和投资战略领域的权威机构。米尔济约耶夫责成相关部门于2019年4月前制订出国家2030年前社会经济发展构想。重视结构性改革，保持经济的高速增长，实行稳健的财政政策和积极的投资政策，保持适度的财政赤字。大力发展工业和高科技产业，提高劳动生产率，提高能源效率，减少能耗。减少国有经济成分，打破垄断。米尔济约耶夫指出：“一些部委的下属企业，在其管辖的领域搞经营，破坏了正常竞争，不利于发展。”[①]减少国家对经济的干预，鼓励中小企业发展，保护私有财产，鼓励公平竞争。制定新的税法，推行减税政策。他举例说，在建筑领域，企业开展经营活动需要17项国家审批，耗时246天，应该减少审批程序。2018年6月，乌通过了新的税收构想，对税务部门进行改革优化，减少企业与民众的税收负担，简化税收手续等。

米尔济约耶夫重视吸引外资。执政后，米尔济约耶夫立即发布了《关于激活和扩大自由经济区的补充措施》总统令，建立了花剌子模、乌尔古特、吉日杜万、浩罕四个新的自由经济区，改善营商环境，给予外资各种税收和法律优惠，吸引外商投资，2019年被定为“积极投资和社会发展年”。推动地方经济发展，大力发展旅游业，对世界多个国家实行免签政策，开展旅游推荐活动，吸引游客。计划到2025年，使外国入境游客数量达700

① “Послание Президента Республики Узбекистан Шавката Мирзиёева Олий Мажлису”，uzdaily：https://www.uzdaily.uz/articles-id-40953.htm，登录时间：2019年4月4日。

2017年6月2日，米尔济约耶夫总统了解安集延州工业区建设情况。

万人次，旅游收入超过20亿美元，[①] 实现经济多元化发展。

外汇管制是乌经济的“老大难”问题，乌兹别克斯坦长期实行外汇强制结汇政策，对私人出入境携带外汇严格管控，企业从事进出口业务受到限制。外汇政策导致国内出现奇怪的“三种汇率”现象，即官方汇率、交易所汇率和黑市汇率。其中，官方汇率与黑市差距过大，黑市交易猖獗，强制结汇也严重影响了外商的投资积极性。2017年9月，米尔济约耶夫颁布总统令，推行货币改革，统一了汇率，允许自由兑换，结束了汇率双轨制，开放外汇市场，同时保持了宏观经济形势的稳定。

民生领域：提高民众的社会福利，大力发展教育、医疗等

① “Послание Президента Республики Узбекистан Шавката Мирзиёева Олий Мажлису”，uzdaily：https://www.uzdaily.uz/articles-id-40953.htm，登录时间：2019年4月4日。

行业，减少婴儿死亡率，提高平均寿命。建立了学前教育部，恢复11年中小学教育制，大幅提高教师的工资，计划到2020年将高等学校入学率提高到20%的水平。乌兹别克斯坦一半的人口在30岁以下，青年人就业压力大。米尔济约耶夫总统高度重视青年人的问题，为青年人努力创造就业机会，专门成立了全民“青年联盟”，解决青年人所关心的问题，为青年人的发展创造空间，避免青年人被极端主义蛊惑。

外交与国防领域：推进国防现代化，发展国防工业，加快军队装备现代化步伐，提高军队的战斗力，巩固边防。坚持外交政策构想中的“三不原则”，即不加入任何军事政治联盟，不向海外派兵，不允许在乌驻扎外国军事基地。加强与中亚邻国的合作是乌外交政策的首要优先方向，在米尔济约耶夫睦邻政策的推动下，乌兹别克斯坦与塔吉克斯坦、吉尔吉斯斯坦等邻国的关系大幅改善。乌兹别克斯坦的睦邻外交引领中亚地区的合作，中亚国家间合作氛围不断浓厚。乌兹别克斯坦奉行大国平衡外交，与主要大国，如俄罗斯、中国、美国、欧盟的合作都齐头并进。2018年10月中旬，普京访问乌兹别克斯坦，签署了270亿美元的合作协议，帮助乌修建首座核电站，俄乌关系取得重要突破。2018年5月，米尔济约耶夫访美，与特朗普举行了会晤，美乌合作得到加强。乌与欧盟联系密切，欧盟正在制定新的对中亚地区战略，乌兹别克斯坦成为欧盟在中亚的主要合作伙伴。米尔济约耶夫执政后，重视阿富汗问题，奉行积极的阿富汗政策。在他的提议下，2018年3月底，在塔什干召开了阿富汗问题的国际会议，塔什干会议成为调解阿富汗问题的又一重要的国际合作平台。

二、米尔济约耶夫改革的特点

（一）改革是对卡里莫夫政策的继承与发展

乌兹别克斯坦独立后，卡里莫夫面临的历史重任是建设独立国家。执政二十多年来，他采取各种措施加强国家的独立与主权，维护乌国家利益，保持了国家的基本稳定与发展的大局。米尔济约耶夫面临的任务则是发展，需要加速经济发展，解决民生问题；需要放松对社会的管控，增强社会活力；需要改善对邻关系，拓展外部市场。米尔济约耶夫高度评价卡里莫夫一生为乌兹别克斯坦所做出的卓越贡献，他指出正是在卡里莫夫的领导下，乌兹别克斯坦沿着一条符合本国国情的道路砥砺前行。因此，米尔济约耶夫的改革并不是推翻卡里莫夫的政策，而是其政策的延续与发展。对内，米尔济约耶夫继续以“强总统”为特征，加强垂直的权力体系，提高政府的工作效率，打击腐败，为经济发展营造良好的氛围。对外，积极拓展外部市场和吸引投资，扩大开放，积极改善与邻国的关系，为国家发展创造良好的外部条件。

（二）改革的总目标是国家现代化

米尔济约耶夫总统多次强调，改革不是目的，改革的总目标是实现国家全面的现代化，使乌兹别克斯坦进入全球经济最发达的50强之列，实现社会生活、权力体系和经济的现代化，提高人民的生活水平。

2018年10月26日，米尔济约耶夫总统考察塔什干市尤努萨巴斯克区的儿童学前教育机构。

（三）强调“以人为本”

米尔济约耶夫执政后，确立了“国家机构服务于人民”的原则，他将执政的首年，即2017年定为“与民众对话与人民利益年”。他强调：“国家的一切权力来自人民”，“人民的利益高于一切”，“改革不是为了改革，而是为了人民幸福”。[①] 米尔济约耶夫要求各级官员要经常走基层，了解民情，为民办事，必须要让人民感受到改革的成果。两年来，乌国内社会氛围不断宽松，人权状况不断改善，长期被外界所诟病的“强制劳动”问题也逐步得到解决，中小学生被强制参与收棉花的现象大为减少。

① Шавкат Мирзиёев：«Мы перестали общаться с людьми»，https://www.gazeta.uz/ru/2016/12/08/people/，登录时间：2019年3月19日。

（四）改革力度超乎预期

米尔济约耶夫的改革是一场全方位、深层次的改革，它囊括了国家及社会生活领域的方方面面，涉及政治、经济、社会、教育、医疗、国防、外交等多个领域，是一场深刻的社会变革。一些领域改革的步伐也超出了外界的预期，如汇率改革，一些外国学者普遍认为该问题错综复杂，是乌经济多年来的一大“痼疾”，如解决不当，有可能引发汇率崩盘和严重的通货膨胀，但米尔济约耶夫果断行事，执政不到一年就推行了外汇改革，实现了自由兑换，并保持了汇率和宏观经济的稳定。

（五）使乌兹别克斯坦由封闭走向开放

乌兹别克斯坦地处中亚的中心，是全球仅有的两个双内陆国之一。卡里莫夫时期，乌兹别克斯坦处于相对封闭的状态，与邻国关系紧张。米尔济约耶夫奉行的睦邻、开放外交政策，使乌的外部环境发生了较大的变化，与邻国关系大幅改善，与主要大国合作不断深化，乌以一种全新的开放姿态开展与外部世界的合作。米尔济约耶夫要求州长每年出国两次，学习外国的先进经验。他对外交官提出了三大任务：促进出口、引进外资和吸引外国游客。米尔济约耶夫的改革引起了全球的关注，他被外界评价为“坚定的改革者”，德国媒体将其称为“中亚改革的先锋”，[①] 法国媒体称其为“乌社会带来了新鲜的空气”。亚

① Немецкие СМИ назвали Мирзиеева “лидером перестройки в Центральной Азии”, https://tengrinews.kz/europe/nemetskie-smi-nazvali-mirzieeva-liderom-perestroyki-362065/, 登录时间：2019年3月19日。

洲记者协会赋予他“2018年度亚洲模范人物”。

三、米尔济约耶夫的改革成果评估

乌兹别克斯坦的改革尽管刚刚起步，但已使国家进入了发展的“新时代”。两年来，乌兹别克斯坦通过了90多部法律和2000个总统令和其他行政指令，推动了各领域的改革，一个充满变革与生机的乌兹别克斯坦正展现在世人的眼前。

官员的工作作风大为改观。乌兹别克斯坦通过了新的“公务员法”，要求公务人员加强服务意识。各级官员开始走基层，了解民众的呼声。成立了最高法院和行政法院，加强司法公正，腐败现象大幅减少。在国际环境不佳的背景下，经济保持了较高的增长率，2018年乌兹别克斯坦GDP增长5.1%，未来三年仍有可能以5%左右的增长率持续发展。首都塔什干开始大规模的建设，2020年将建成塔什干商务新区，一座200多米高的商务大厦将竣工，成为塔什干的新地标。2018年，乌兹别克斯坦吸引外商直接投资42亿美元，同比增长近50%。[①] 乌兹别克斯坦独立以来，首次得到了标普和惠誉的主权信用评级，为BB–级，乌可以在国外发行债券。不久前推出了首份欧债。

对外国人来讲，最直观的变化就是对塔什干国际机场的感受。过去外国游客去乌兹别克斯坦比较麻烦的就是海关申报和检查，尤其是要准确地申报随身携带的外币数量，而且必须填写两张申报单，一张交海关，一张必须妥善留存，如丢失，出

① “Послание Президента Республики Узбекистан Шавката Мирзиёева Олий Мажлису”，https://www.uzdaily.uz/articles-id-40953.htm，登录时间：2019年4月3日。

关时就会遇到不小的麻烦。出境时，再填一张申报单，所带外币不得超过入境单上的数量，否则可能会被没收。而现在这些繁琐的手续都已成为“过去时”，随身携带2000美元以下的现金可免申报，直接走绿色通道，入关的速度大大加快，出关时也不用填写任何单据。

在外交领域，乌兹别克斯坦与邻国关系的改善尤为明显。米尔济约耶夫将发展对邻关系置于外交首要方向，执政两年来，他遍访中亚邻国，推动地区合作。乌兹别克斯坦与邻国的关系明显改善，与邻国的贸易额大幅增长。乌哈建立了战略伙伴关系，2018年双边贸易额达30亿美元，同比增长50%以上，哈成为乌第三大贸易伙伴。两国还提出到2020年将双边贸易额增加到50亿美元的目标。[①] 2018年，乌兹别克斯坦与吉尔吉斯斯坦贸易额约4.8亿美元，同比增长92%，乌吉已划定了85%的边界，正在讨论交换飞地的问题，以解决困扰两国关系的棘手问题。乌塔2018年贸易额为3.9亿美元，同比增长64%，两国恢复了中断二十多年的直航。乌兹别克斯坦与土库曼斯坦的贸易额同比增长70%，与土共同建设中亚—中东交通走廊，并积极参与土库曼斯坦的天然气开发。在米尔济约耶夫的提议下，2018年3月，首届中亚领导人非正式会晤在哈召开，讨论地区问题，合作的氛围明显改善。

尽管乌兹别克斯坦的改革取得了突出的成绩，但改革仍然任重道远，面临不少挑战，主要有：一是很多官员仍持惯性思维。米尔济约耶夫对此多次提出批评，他指出“一些官员不喜

① “товарооборот между Узбекистаном и Казахстаном увеличится до 5 миллиардов долларов”, http://kommersant.uz/uzbekistan-kazahstan/，登录时间：2019年4月3日。

欢改革，他们仍按老的思路在走，改革触动了他们的利益。但改革是时代的要求，改革不会停止，各级官员必须认识到这一点”。[①]乌各领域的改革都需要有新思想的年轻人推动，目前已明显感觉到“人才荒”，米尔济约耶夫下令派出几千名管理人员赴国外留学。二是经济发展的任务艰巨。乌总体经济规模小，乌人均国民生产总值仅为哈的四分之一，结构单一，黄金、天然气、金属、棉花占到出口总额的40%，工业水平相对较低。2018年出现了财政预算与贸易双赤字，预算赤字占到GDP的1.1%，贸易赤字约53亿美元。三是社会问题不少。2018年，通货膨胀达到14.3%左右，物价快速上涨，民众生活受到影响。失业率也高达9%，[②]青年人就业压力较大，极端思想容易传播。此外，腐败等问题仍严重制约着投资环境的改善，引发社会不满情绪。

四、“一带一路”提速中乌合作

乌兹别克斯坦独立二十多年来，中乌关系发展顺利，两国在各领域合作不断深化。2012年，中乌签署了建立战略伙伴关系的宣言。2016年，中乌关系正式提升为全面战略伙伴关系。随着乌兹别克斯坦改革的全面提速和国家的不断发展，中乌合作也将迎来快速发展的“新时代”。

---

① “Шавкат Мирзиёев: реформы не по душе некоторым чиновникам, привыкшим думать и работать по-старому”, https://kun.uz/ru/news/2018/12/09/savkat-mirzieev-reformy-ne-po-duse-nekotorym-cinovnikam-privyksim-dumat-i-rabotat-po-staromu，登录时间：2019年4月3日。

② “Концепция Стратегии развития Республики Узбекистан до 2035 г.”, http://uzbekistan2035.uz/uzbekistan-2035/

乌兹别克斯坦是丝绸之路上的古国，地处中亚交通要冲，撒马尔罕、布哈拉、希瓦等城市曾随着丝绸之路贸易的繁荣而兴盛一时。乌兹别克斯坦高度评价“一带一路”合作倡议，并积极参与其中。2017年5月，米尔济约耶夫总统首次访华并出席“一带一路”国际高峰合作论坛，中乌签署了230多亿美元的经贸投资协议，两国确定了到2020年将外贸额提升至100亿美元的目标。目前，两国在“五通”领域的合作迅速发展，中乌合作呈现出勃勃生机。在互联互通领域，中国公司在乌承建了长达19公里的“卡姆奇克”铁路隧道于2016年建成，成为安格连—帕普铁路的重要组成部分，对乌国内地区之间的联通意义重大，该项目在乌家喻户晓，已成为两国在“一带一路”框架下合作的名片。2018年年初，中—吉—乌公路国际货物通道正式运行，这条公路东起中国新疆喀什，穿越吉尔吉斯斯坦南部城市奥什，西抵乌兹别克斯坦首都塔什干，全长935公里，将成为中国—中亚—西亚经济走廊的重要组成部分。目前，中、吉、乌三国正积极推进中—吉—乌铁路项目。在贸易投资领域，中国是乌兹别克斯坦第二大投资来源国和第一大贸易伙伴。截至2018年年底，在乌中资企业数量达1121家，排名第二，仅2018年一年就新增了309家企业。中企涵盖了能源、化工、基础设施、工业园区、农业、电信、纺织、水利灌溉等众多产业，其中位于锡尔河州的鹏盛工业园区规模不断扩大，为乌创造了数千个就业岗位，成为两国工业投资合作的样板。据中方统计，2018年中乌贸易额达62.68亿美元，同比增长48.5%，[①] 对华贸易

① “2018年12月进出口商品国别（地区）总值表（美元值）”，商务部中国投资指南网站，http://www.fdi.gov.cn/1800000121_33_11862_0_7.html，登录时间：2019年4月29日。

在乌贸易总量中的占比19%，中国是乌兹别克斯坦第一大贸易伙伴，也连续多年保持乌棉花、天然气主要出口国地位。

近年来，中乌人文交流始终处于高水平，人文交流不断增多。乌兹别克斯坦国内开办了两所孔子学院，汉语成为乌青年人学习的热门外语，乌兹别克斯坦来华的留学生人数逐年增加。2018年，中乌人文合作继续推进，两国相关部门策划了联合拍摄纪录片、合作成立大学、共同保护文物等新合作项目。未来，随着乌兹别克斯坦国内旅游领域政策进一步改革和旅游签证制度的简化，中乌人文交流将进一步密切。

乌兹别克斯坦新外交政策的地区意义

【摘要】米尔济约耶夫总统执政后，乌兹别克斯坦的外交出现了一系列新的调整，重点是扩大国际交往，推动地区合作，已经取得了重要进展并且得到国际社会的肯定。作为在中亚地区举足轻重的国家，乌兹别克斯坦发展与中亚邻国战略关系，通过协商解决领土和资源争端的新政策，不仅对地区的长期稳定起到促进作用，而且为探索地区国家开展广泛合作的新路径提供了一种新的思路。乌兹别克斯坦独立以后坚持独立自主的外交政策，不屈从于外部压力，以符合本国利益和国情为前提，同世界各国开展友好合作与对话，奉行和平的全方位外交政策，同时又明确了自己的优先方向，重视与大国、邻国构建稳定的关系。由于地区形势的变化和国内政策的调整，这一方针并未得到很好的坚持与发扬。米尔济约耶夫总统执政后，顺应国内改革的呼声和时代发展的要求，在外交上做出一系列新的努力，体现出鲜明的自身特色，取得了不小的成功。

【关键词】乌兹别克斯坦　米尔济约耶夫　外交政策　地区意义

【作者】孙壮志，中国社会科学院俄罗斯东欧中亚研究所所长、研究员。

乌兹别克斯坦独立后的对外方针是巩固国家独立，维护国家安全与稳定，发展经贸和交通合作，提高在地区和国际上的地位，奉行大国平衡外交。在乌兹别克斯坦宪法中，对国家的对外政策作了如下的表述：乌兹别克斯坦是国际关系中享有充分权利的主体。主张各国主权平等，不使用武力或以武力相威胁，不侵犯疆界，和平解决争端，不干涉别国内政。可以结盟，可以加入国际组织，亦可以根据国家、人民以及安全的利益退出。乌兹别克斯坦领导人不断强调，乌兹别克斯坦实施符合本国利益的积极的多方位的对外政策，目的是巩固主权，实现经济发展，提高国际威望。经济因素在该国对外政策中居于关键地位。

米尔济约耶夫总统执政以后，乌兹别克斯坦推行积极的睦邻友好政策，与其他中亚国家的互信不断增强，倡导地区国家开展更为广泛的合作，搭建中亚五国共同参与的多边平台，解决地区国家之间存在的矛盾分歧，共同应对阿富汗等地区热点与外部环境变化带来的挑战，取得了显著的成效，收到国际社会的广泛赞誉。

一、新外交政策的内涵

作为中亚人口最多、有着悠久历史文化传统的国家，乌兹别克斯坦独立伊始就确立了独立自主的外交政策。1996年12月26日，乌兹别克斯坦议会通过了《关于对外政策活动的基本原则》，[①] 确定了乌国开展对外活动时必须遵循的六项基本原则：一是乌兹别克斯坦有权加入国际合作组织或签订国际合作协议，也有权为国家和人民的利益、福祉和安全而退出国际合作机制。二是乌兹别克斯坦愿意同所有国家发展平等互利关系，反对干涉内政、威胁独立和主权，以及将国家或国际关系意识形态化的行为和做法。三是乌兹别克斯坦主张积极参与联合国、欧安组织等国际组织的活动，积极参与欧洲的、亚洲的以及其他国际安全合作机制。四是乌兹别克斯坦将优先发展和参与那些有助于维护国家安全与稳定、有助于推动乌国信息、技术和基础设施与国际接轨，促进乌兹别克斯坦加强国际经济联系的国际合作机制，包括经济合作机制。五是乌兹别克斯坦不参加国际军事政治组织。如果乌已经参与的某国际合作机制转化为军事政治组织的话，则乌保留退出该组织的权利。六是乌兹别克斯坦愿意积极参与所有有助于预防和消除地区内外冲突的官方和非官方合作机制。

2012年8月30日，乌兹别克斯坦新的《外交政策构想》正式生效，该构想的主要内容包括：1. 保护和实现乌在国际舞台上的国家利益是乌兹别克斯坦对外政策的理论基础。2. 乌将遵循国家、人民及其福祉和安全的最高利益，保留加入及退出联盟、联合体及其他国际组织的权利。一体化不能自外部强加于乌兹别克斯坦，不应有损乌自由、独立和领土完整。乌兹别克斯坦实施和平外交政策，不参加军事政治集团，保留在任何国家间

① «Об основных принципах внешнеполитической деятельности Республики Узбекистан», http://parliament.gov.uz/ru/laws/adopted/85/3402/，26 Декабря 1996，登录时间：2019年5月1日。

组织转变为军事政治集团的情况下退出该组织的权利。乌采取政治、经济和其他措施，防止卷入周边国家武装冲突和紧张局势，不允许在本国领土上设立外国军事基地和设施，不参加境外维和行动。3. 乌兹别克斯坦对外政策的最优先方向是与乌利益攸关的中亚地区，重点任务是保障本地区的安全与稳定，缓和阿富汗局势，解决跨界水资源利用问题和保障生态的可持续性。

在乌兹别克斯坦领导人看来，乌所奉行外交政策的基础是：民族国家的利益优先、国际法准则、不干涉别国内政、以和平方式解决所有冲突等。具体政策根据环境变化和现实利益需要可随时做出调整。作为中亚有重要影响的国家，乌兹别克斯坦希望能够在地区事务中发挥重要作用，努力追求传统的地缘政治力量平衡。在地区层面上，乌兹别克斯坦与邻国关系总体较好，但在水资源、边界等问题上相互之间还是有一些分歧。关于地区一体化和国际合作机制，乌兹别克斯坦有自己独特的见解。一方面，乌兹别克斯坦希望在这些国际和地区合作机制中发挥重要作用，希望一体化给自身发展带来更多机遇和利益，因此会对所参加组织的发展提出很多建议；另一方面，它对于这些多边合作机制框架下的活动，包括签署有关合作文件，有时又会持保留意见。

2017年9月20日，乌兹别克斯坦新总统米尔济约耶夫在第72届联合国大会发言时，阐述了乌兹别克斯坦新一届政府的外交理念，同时建议联合国大会通过有关中亚的特别声明，以支持中亚国家加强安全保障和地区合作。米尔济约耶夫表示，当前，中亚地区是乌兹别克斯坦外交政策的首要优先方向，这是乌政府的主动选择。作为地处中亚中心的国家，中亚地区的稳

2017年9月20日，米尔济约耶夫总统在纽约联合国大会上发言。

定、睦邻和可持续发展与乌直接相关，建设一个和平、繁荣的中亚是乌兹别克斯坦最重要的目标和中心任务。乌方将坚定地通过对话、建设性的互利合作和加强睦邻友好来发展与地区其他国家间的关系，准备采取合理妥协的方式与中亚国家解决所有地区问题。米尔济约耶夫指出，得益于地区国家的共同努力，近一段时期以来，中亚各国的政治互信水平显著提高，很多问题找到了解决途径。2017年9月初，乌兹别克斯坦与吉尔吉斯斯坦签署了边界条约，这是中亚地区的一件大事，是中亚国家独立26年来首次就解决如此敏感的问题找到突破口，这归功于地区国家有着寻找彼此可接受的解决问题方式的政治意愿。总之，中亚已在短时间内建立起了全新的政治氛围。[①]

在米尔济约耶夫总统领导下，乌兹别克斯坦进行了全方位的改革，努力实现经济的自由化和政治的现代化，在外交领域出现了一系列新的变化：首先是外交的灵活性增加，在维持与传统友好国家合作的同时，积极与各国改善和发展关系；其次是重视与地区国家的合作关系，优先解决困扰地区合作与安全的复杂问题，以对话和相互妥协解决争端；再次是加强与联合国等有威望的国际组织以及大国的合作，提升乌兹别克斯坦的国际地位，争取更大的外交舞台和更多的资金支持；最后是推行经济外交，发挥地缘优势，为国内经济发展创造良好环境，在国际经济体系中寻找合适定位。在哈萨克斯坦国际政治学者拉乌姆林看来，米尔济约耶夫总统正着手推动乌兹别克斯坦成

---

① “米尔济约耶夫在72届联大上阐述乌外交理念”，文章来源：中国驻乌兹别克斯坦使馆经商参处，http://www.mofcom.gov.cn/article/i/jyjl/e/201709/20170902647961.shtml，登录时间：2019年3月25日。

为欧洲和亚洲之间的主要物流中心，同时向国际金融机构和世界贸易组织发出乌兹别克斯坦对外国投资开放的信号。[①]

二、积极拓展新的外交空间

乌兹别克斯坦积极与世界各国在平等、互利基础上发展双边合作关系，还参加了联合国及其他很多国际组织。1992年7月，独立不到一年的乌兹别克斯坦就获得世界上125个国家的承认，与40多个国家建立了外交关系，中国、美国、土耳其、伊朗、法国、德国等在塔什干设立了大使馆。到2013年，同乌兹别克斯坦建交的国家共有131个，在首都塔什干有45个外国使馆、9个名誉领事处、3个具有外交地位的贸易代表处、8个国际组织代表处、5个国际金融机构代表处、50个非政府人道主义组织代表处。乌兹别克斯坦还是70多个联合国在人权领域国际文件的参加国，包括6项基础协议，履行自己的国际义务。目前，乌兹别克斯坦在境外设立了46个外交和领事代表机构，在一些国际组织，包括联合国以及日内瓦的其他国际组织总部所在地有常设代表处。

乌兹别克斯坦1992年3月2日成为联合国成员，是联合国打击恐怖主义13项公约的参加国并在该领域提出过重大倡议。乌兹别克斯坦还在打击毒品犯罪领域同联合国及其专门机构开展合作。迄今乌兹别克斯坦已经是100多个国际组织的成员，除联合

① “Посткаримовский Узбекистан: что там сейчас происходит? — исследование”, 28 декабря 2018, https://365info.kz/2018/12/postkarimovskij-uzbekistan-chto-tam-sejchas-proishodit-issledovanie/，登录时间：2019年3月25日。

2018年6月9日，上合组织青岛峰会期间，习近平主席会见米尔济约耶夫总统。

国及其下属机构以外，乌兹别克斯坦还是欧洲安全与合作组织、伊斯兰会议组织、不结盟运动、独联体、上海合作组织等国际和地区组织的正式成员，同欧盟和北约也开展了紧密的合作。

乌兹别克斯坦是上海合作组织创始国，认为上合组织是加强中亚和平与稳定的多边合作机制、开放与建设性对话的平台以及发展各个方向伙伴关系的机制。乌兹别克斯坦重视上合组织框架内的以下合作方向：保障地区稳定和经济合作，为各国经济增长和改善民生创造有利条件，优先领域是投资合作、交通运输设施、电信、创造更多就业岗位并解决其他社会问题。2004年、2010年、2016年乌兹别克斯坦首都塔什干三次承办上海合作组织峰会，在扩大对外联系、促进务实合作方面做出自己的贡献。米尔济约耶夫总统2018年6月参加上合组织青岛峰会时，高度评价该组织的特殊作用，建议在打击极端主义、促进人文交流方面加强成员国的合作。

乌方认为，独联体可以扮演协调者的角色，促进成员国宏观经济进程协调发展。通过独联体进一步发展的构想及其落实计划，确定以下优先方向：经济一体化；人文与安全领域合作；打击犯罪；支持和巩固国际安全与稳定；应对新的挑战与威胁。乌兹别克斯坦认为，独联体还应该强调加强政治合作的必要性，协调移民政策；共同解决生态问题；预防紧急事态与消除自然灾害后果等。乌兹别克斯坦看重恢复后苏联空间的经济联系，2013年5月31日乌兹别克斯坦签署加入独联体自由贸易区协定的备忘录，2013年12月正式批准。吉尔吉斯斯坦于2017年3月批准该协定，独联体成员国中只有塔吉克斯坦未批准该协定。

米尔济约耶夫总统非常重视与大国的关系，继续在大国之

2018年6月9—10日，米尔济约耶夫总统在中国青岛市参加上海合作组织青岛峰会。

间奉行平衡的政策，2016年12月当选总统后，每年都要出访一些全球和地区大国，美国、俄罗斯、中国、欧洲大国、印度、土耳其等被视为重要伙伴。

2017年5月，米尔济约耶夫总统对中国进行国事访问，与习近平主席举行会谈。习近平指出，乌兹别克斯坦是中国的近邻、要邻。建交25年来，在双方共同努力下，中乌关系实现跨越式发展，建立起真诚互信和互利共赢的全面战略伙伴关系。中方致力于同乌方发展全天候友谊。中方愿同乌方就国际事务、中亚地区形势、上海合作组织发展等保持密切沟通和协调。习近平强调，乌兹别克斯坦是最早支持和参与“一带一路”建设的国家。中乌在“一带一路”建设合作中取得丰硕成果，已经成为引领两国合作的主线。中方愿同乌方深挖潜力，推动中乌在“一带一路”建设合作中取得新进展。双方要加强发展战略对接，共同规划好两国合作的重点方向、重点领域、重点项目。要充分挖掘经贸合作潜力，扩大双边贸易规模，优化贸易结构，实现双边贸易长期稳定健康发展。中方愿在平等自愿、互利共赢的基础上，同乌方拓展产能、投资、工业园区和基础设施建设合作。

米尔济约耶夫表示，中国是乌兹别克斯坦的伟大邻邦，中国经济社会发展成就令世人钦佩，在当前国际形势下，中国是促进世界和平稳定发展至关重要的积极因素。乌方致力于巩固和发展乌中全面战略伙伴关系，密切两国高层交往，以“一带一路”建设为契机，深化经贸、投资、产能、基础设施、水利等领域合作和地方、人文交流，加强在联合国、上海合作组织等多边框架下协调配合。会谈后，两国元首签署了《中华人民

2018年10月18—19日，俄罗斯总统普京访问塔什干。19日，米尔济约耶夫总统和普京总统举行会谈。

共和国和乌兹别克斯坦共和国联合声明》，并共同见证了两国经济技术、交通运输、医疗、农业、水电、中小企业、基础设施、旅游和地方交往等领域双边合作文件的签署。

俄罗斯总统普京于2018年10月18日至19日访问塔什干。就乌俄双边各领域合作关系现状、进一步深化战略伙伴关系和同盟关系、扩展互利合作、共同实施大型战略项目和投资项目、确保本地区安全与稳定、加强阿富汗和平进程领域合作等共同关心的国际和地区问题交换意见。同时，两国元首还共同出席了“乌俄教育论坛”、“乌兹别克斯坦—俄罗斯地方合作论坛”、乌首座核能电站开工奠基仪式等活动。两国元首发表联合声明，见证签署了数十项政府间和部门间合作文件，包括:《2019—2024年乌俄经济领域合作规划》《2019—2021年乌俄文化人文领域合作规划》、俄系列高校在乌开设分校的协议、“苏法”国际射电天文台建设实施路线图等。2018年，乌兹别克斯坦与俄罗斯的贸易额约57.31亿美元，同比增长21.2%。俄乌不仅在贸易和投资等传统领域发展关系，而且在高科技项目合作也不断深化。两国在2018年10月签署了关于在乌兹别克斯坦建造第一座核电站的协议，两个发电机组的功率分别为1.2兆瓦。该电站将使乌不仅成为中亚第一个拥有核电站的国家，而且每年可节约约37亿立方米天然气（约占全国产量的6%）。

与美国、欧洲的关系重在政策协调。2018年5月，米尔济约耶夫总统访问美国，与美国总统特朗普举行会晤，就双边关系和其他问题交换了意见。特朗普对米尔济约耶夫正式访美表示欢迎，他指出，乌兹别克斯坦是重要国家，是美战略伙伴。米尔济约耶夫对特朗普邀请其访美表示感谢，他指出，美国始终支持乌

2018年5月16日，米尔济约耶夫总统与美国总统特朗普在华盛顿举行小范围会谈。

2018年10月9日，米尔济约耶夫总统与法国总统马克龙在巴黎举行会晤。

兹别克斯坦。在两国总统选举后，乌美关系提升至新水平。双方签署联合声明强调两国关系“开启战略伙伴关系新时代”。

2018年10月，米尔济约耶夫对法国进行首次正式访问，与总统马克龙、参议院议长拉尔谢等法国家领导人举行会晤，会见联合国教科文组织总干事奥德蕾，走访系列法国大型国际知名企业和金融机构，宣布将成立乌总统直属外国投资委员会以加强与外国投资者直接对话。

2018年10月9日，米尔济约耶夫总统在巴黎会见法国大型企业负责人。

2018年4月30日，米尔济约耶夫总统在塔什干市与到访的土耳其总统埃尔多安举行会晤。

土耳其总统埃尔多安2018年4月29日抵达乌首都塔什干，对乌进行国事访问，达成了在两国元首领导下建立战略伙伴最高理事会的决定。会谈期间，双方还讨论了旅游、文化、卫生合作，以及加强投资和金融领域技术合作等项目。

2019年1月18日，米尔济约耶夫总统在新德里与印度总理莫迪举行会谈。

2018年10月初，米尔济约耶夫总统率政府代表团对印度进行首次正式访问。访问期间，两国元首发表了进一步加强友好合作关系的联合声明，见证签署了系列政府间、部门间条约、协议等及企业间商务合同，涉及政治、经济、贸易、农业、旅游、科学、IT技术、制药工业等领域。2019年1月，米尔济约耶夫时隔三个月再次访问了印度。

应德国总理默克尔邀请，米尔济约耶夫总统于2019年1月对德国进行正式访问，先后会见了德国总统施泰因迈尔和总理默克尔，就深化两国政治对话、加强多双边合作，共同应对恐怖主义、极端主义等威胁和挑战，以及尽快启动阿富汗和平进程等问题交换意见。在与默克尔的会见中，米尔济约耶夫总统强调，乌方愿就人权与自由等问题开展建设性对话，以实现国家管理体系透明化，彻底根除乌国内腐败。默克尔则对乌总统领导的致力于经济现代化和政治民主化的国内改革给予高度评价。根据会谈成果，两国政府签署了9份合作协议，涉及经济、贸易、金融、教育和科技等领域。

米尔济约耶夫总统访德期间，两国政府在柏林举办了乌德商务论坛，乌副总理兼国家投资委主席霍尔姆拉托夫、德国经济与能源部和欧洲复兴开发银行负责人，以及来自德国234家企业和银行的300多名代表参加。两国实业界代表就共同落实总金额超过80亿欧元的项目达成一致，涉及油气、卫生和医药、农业与食品、建材、金融等领域。在金融合作方面，德国银行准备向乌总统倡议建立的塔什干投资者支持中心提供5.57亿美元授信，用于支持私企投资项目，资金将主要用于购买德国技术和设备。此外，乌外经银行与德国AKA银行、复兴贷款伊佩克斯银行分别签署了1亿欧元的基础贷款协议，通过授信方式向乌大型投资项目提供10年期每笔最少500万欧元的长期贷款。乌工业建设银行与4家德国银行签署总额2.85亿欧元的合作协议，乌工业建设银行还与德国瑞福森银行签署3亿欧元的基础贷款协议，这些贷款将用于从欧盟采购现代化装备。

2019年1月21日，米尔济约耶夫总统在柏林与德国总统施泰因迈尔举行会谈。

2019年1月21日，米尔济约耶夫总统在柏林与德国总理默克尔举行会谈。

2019年1月22日，米尔济约耶夫总统在慕尼黑会见德国重要企业和金融界负责人。

三、在地区事务中发挥积极作用

乌兹别克斯坦是中亚无核区的首倡国，在国际裁军进程中占有重要位置。在建立中亚无核区问题上，做了许多准备工作，但主要依重西方国家，而不是邻近的独联体国家和伊斯兰国家，反映出乌兹别克斯坦对外政策上的一个非常鲜明的变化。乌兹别克斯坦特别重视中亚国家之间的合作，积极参与和推动区域一体化进程。1994年，乌兹别克斯坦与哈萨克斯坦、吉尔吉斯斯坦决定成立中亚统一经济空间。1998年10月，乌俄两国领导人签署了俄、乌、塔（吉克斯坦）全面合作的三方声明。2001年12月，在塔什干举行乌兹别克斯坦、塔吉克斯坦、吉尔吉斯斯坦和哈萨克斯坦四国总统会晤，决定将由四国组成的中亚经济共同体改组为中亚合作组织。2002年2月，乌兹别克斯坦、哈萨克斯坦、吉尔吉斯斯坦和塔吉克斯坦四国总统在阿拉木图会晤，正式把中亚经济共同体改组为“中亚合作组织”。2005年，该组织并入俄罗斯主导的欧亚经济共同体，乌兹别克斯坦逐渐淡出。米尔济约耶夫就任总统后，再度倡议中亚国家开展合作，建议启动中亚五国元首会晤机制，共商地区稳定与发展大计。2017年3月，米尔济约耶夫总统正式访问土库曼斯坦，将自己就职后的首访国放在了中亚邻国，显示出其对地区国家的特别关注。

（一）推动中亚国家间地区合作

独立初期，乌兹别克斯坦试图在联合国框架内建立中亚安全保障机制。1995年9月15—16日，在塔什干召开中亚安全合作论坛的外长级会晤。乌兹别克斯坦总统卡里莫夫出席会议并发表演说，来自中亚五国、土耳其、巴基斯坦、阿富汗、伊朗、印度和联合国五个常任理事国俄罗斯、中国、美国、英国、法国以及联合国、欧安组织等国际组织的官员和代表出席会议。会议讨论了在中亚地区建立可靠的安全保障体系以及经济、社会和文化领域的一体化问题。最后会议通过一项关于中亚安全与合作问题的联合声明。2000年4月21日，乌兹别克斯坦、哈萨克斯坦、吉尔吉斯斯坦和塔吉克斯坦四国总统在乌兹别克斯坦首都塔什干举行会晤，并签署了《关于打击恐怖主义、政治和宗教极端主义、跨地区有组织犯罪和其他威胁地区稳定和安全行为的条约》。

米尔济约耶夫就任领导人以后，积极推动中亚国家间的对话与合作。2018年3月，中亚国家领导人工作会晤在哈萨克斯坦首都阿斯塔纳举行。与会各国领导人就经贸合作、水资源利用、地区安全、文化交流等议题进行了广泛交流并达成一致意见。举行中亚国家领导人非正式会晤的倡议是乌总统米尔济约耶夫2017年9月提出的，得到哈萨克斯坦总统纳扎尔巴耶夫的支持，并建议将阿斯塔纳作为首次会晤地点。在没有地区外国家领导人和国际组织代表参会的情况下，此次阿斯塔纳工作会议是中亚国家领导人十余年来首次单独会晤。参加会晤的有哈萨克斯坦总统纳扎尔巴耶夫、吉尔吉斯斯坦总统热恩别科夫、塔吉克斯坦总统拉赫蒙、乌兹别克斯坦总统米尔济约耶夫。土库曼斯坦总统别尔德穆哈梅多夫因中东之行未能与会，代表该国参会的是土议会议长努尔别尔德耶娃。与会各国领导人一致同意，

2018年4月23日，土库曼斯坦总统别尔德穆哈梅多夫对乌兹别克斯坦进行国事访问。

五国首脑工作会晤将机制化，下一届将于2019年在乌兹别克斯坦首都塔什干举行。乌兹别克斯坦的倡议为中亚国家之间探索新的地区合作模式创造了良好条件，作出了巨大贡献。

与此同时，乌兹别克斯坦的中亚外交也卓有成效。2018年8月17日，塔吉克斯坦总统拉赫蒙应邀访问乌兹别克斯坦，这是20年来拉赫蒙第一次访问乌兹别克斯坦。两国元首签署了一系列文件，包括战略伙伴关系协议、划界协定等重要文件。罗贡水电站问题也是两国领导人讨论的主要内容。两国的企业家签署了超过40份经贸与投资合同，价值2亿多美元。

8月24日，米尔济约耶夫总统出席了在土库曼斯坦举行的拯救咸海基金会成员国首脑峰会。两国总统就政治、经贸、交流、工业、文化等领域的合作交流意见。9月3日，米尔济约耶夫总统接受吉尔吉斯斯坦总统热恩别科夫邀请，以主席国贵宾身份率政府代表团工作访问吉乔尔蓬阿塔市，并出席第六届突厥语国家合作委员会元首峰会。期间，米尔济约耶夫还与土耳其总统埃尔多安、阿塞拜疆总统阿利耶夫、匈牙利总理欧尔班举行了简短会晤。

（二）倡导形成“撒马尔罕共识”

根据米尔济约耶夫总统在联合国大会上发言中提出的倡议，于2017年11月在乌兹别克斯坦撒马尔罕市召开联合国主导下的中亚安全与发展国际会议。根据会议成果，向联合国大会提交了关于支持中亚国家加强安全保障和地区合作的特别决议。米尔济约耶夫总统在会议开幕式的致辞中表示，乌兹别克斯坦支持中亚各国尽快解决现有分歧、增进互信，这有助于繁荣中亚地区经济发展和稳定。他说，乌兹别克斯坦正积极与周边国家加强全面合作，经贸、人文交流、交通运输等领域合作进展迅速。此次会议为期两天，主题是“中亚：共话历史，同享未来，为可持续发展与繁荣而合作”。联合国秘书长政治事务助理延恰、中亚各国外长以及来自伊朗、阿富汗、上海合作组织、欧安组织等国家和组织的超过500名代表参加会议。会议决议被浓缩为加强地区合作的“撒马尔罕共识”。

2019年2月，中亚安全经济合作会议在乌兹别克斯坦首都塔什干开幕，与会者就地区安全、经贸发展、物流运输和生态保护等话题展开讨论和交换意见。本次会议以“中亚互联互通：挑战与新机遇”为主题，来自哈萨克斯坦、吉尔吉斯斯坦、塔吉克斯坦、乌兹别克斯坦和土库曼斯坦等中亚五国和中国、俄罗斯、美国、土耳其、伊朗等近40个国家的140多名专家与会。乌兹别克斯坦外长卡米洛夫在会议开幕式上发言说，加强区域合作，有利于中亚发展成为一个稳定繁荣的地区，成为一个可信赖、可预测的伙伴。

（三）推动阿富汗问题解决

乌兹别克斯坦是阿富汗的近邻，为解决阿富汗问题提出一些具体倡议，其中最重要的有两项：禁止向阿富汗运送武器；建立解决阿富汗问题“6+3”机制（即阿富汗6个邻国加上俄罗斯、美国和北约3方）。建立“6+3”小组的倡议，由于各种原因未能得到广泛支持。乌兹别克斯坦还提出其他一些建议：促进阿富汗经济和社会发展，打击毒品生产和走私；尊重当地的宗教、民族和文化；尊重阿富汗少数民族的利益；逐步有效地

2018年3月27日，阿富汗问题高级别会议在塔什干举行。

建立起民族国有和公民社会机构；解决阿富汗与巴基斯坦的边界问题；恢复和调整协调解决阿富汗问题的多边机制；等等。乌兹别克斯坦积极支持阿富汗重建，提供人道主义物资。

2018年3月27日，由乌兹别克斯坦主办的阿富汗问题高级别会议在塔什干举行，参会各方呼吁阿富汗政府与塔利班武装展开直接对话，以推动阿富汗和解进程。本次阿富汗问题塔什干高级别会议的主题是“和平进程、安全领域合作与地区协作”，目的是尽早促成阿富汗政府与塔利班武装之间实现不附加任何前提条件的双边和谈，推进阿富汗和本地区问题的解决。来自中国、俄罗斯、美国、法国等超过20个国家以及联合国、欧盟、北约等国际和地区组织的代表与会。当天，与会代表还共同通过了一份旨在实质性推动阿富汗问题解决的《塔什干宣言》。宣言指出，支持阿富汗总统关于在没有先决条件下阿政府同塔利班展开直接谈判的建议，呼吁塔利班接受和谈建议。

结　语

近年来，在米尔济约耶夫总统的领导下，乌兹别克斯坦的外交出现了一系列新的调整，重点是扩大国际交往、推动地区合作。乌兹别克斯坦新的外交政策取得了重要进展并且得到国际社会的肯定。作为在中亚地区举足轻重的国家，乌兹别克斯坦地理位置独特，与其他四个中亚国家和阿富汗直接接壤，其发展与中亚邻国战略关系、通过协商解决领土和资源争端的新政策，不仅对地区的长期稳定起到促进作用，而且为探索地区国家开展广泛合作提供了新路径、新思路。

乌兹别克斯坦独立以后坚持独立自主的外交政策，不屈从于外部压力，以符合本国利益和国情为前提，同世界各国开展友好合作与对话，奉行爱好和平的全方位外交政策，同时又明确了自己的优先方向，重视与大国、邻国构建稳定的关系。由于地区形势的变化和国内政策的调整，这一方针并未得到很好的坚持与发扬。米尔济约耶夫总统执政后，顺应国内改革的呼声和时代发展的要求，在外交上做出一系列新的努力，体现出鲜明的自身特色，取得了不小的成功。

乌兹别克斯坦是中国的近邻，两国已经建立了全面战略伙伴关系，在国内政策上相互支持，对很多地区和国际事务有相同或相似的看法。乌兹别克斯坦是中国领导人倡议的“一带一路”建设的积极参与者，双方签署了战略对接文件，在上海合作组织框架内开展密切的地区合作。两国都面向未来出台了更为长期的外交战略目标，出发点和立足点相互契合，将在共同构建新型国与国关系方面成为典范。

中亚强化地区合作
符合社会发展潮流

【摘要】2018年，中亚各国之间积极互动，开启了强化区域合作之年，其成果有目共睹。首先，各国领导人主动作为和频繁互动，为区域合作开了好头。地区合作态势保障了区域内各国的社会稳定、经济发展。特别值得注意的是，中亚强化区域合作是在许多发达国家贸易保护主义、民粹主义不断抬头，国际局势动荡背景下启动的，更显难能可贵。中亚区域合作代表了人类社会发展的大方向。当然，中亚区城合作还面临着不少困难，如经济可持续增长、阿富汗问题、恐怖主义威胁等。中国作为友好邻邦和战略伙伴一直坚定支持区域合作，共同维护地区安全、稳定、发展。

【关键词】中国与中亚关系 区域合作 社会发展

【作者】季志业，中国现代国际关系研究院前院长、学术委员会主任、博士生导师。

2018年，中亚各国之间积极互动，其成果有目共睹。

首先，各国领导人的主动作为和频繁互动，为区域合作开了个好头。2018年3月9—10日，乌兹别克斯坦总统米尔济约耶夫对塔吉克斯坦进行了历史性访问；8月17—18日，塔吉克斯坦总统拉赫蒙成功回访了乌兹别克斯坦。笔者记得，2017年11月11日，正是在乌兹别克斯坦外交部举办的首届国际研讨会上，米尔济约耶夫总统提议尽快召开中亚国家领导人非正式会议，哈萨克斯坦外长当即响应，并主动邀请各国元首到阿斯塔纳举行首次非正式会晤，其他各国外长也积极表态。2018年3月15日，这次历史性的会晤就在阿斯塔纳实现了，哈萨克斯坦、吉尔吉斯斯坦、塔吉克斯坦、乌兹别克斯坦四国总统和土库曼斯坦议长齐聚阿斯塔纳，共商地区合作大事。这一年还实现了哈萨克斯坦和乌兹别克斯坦元首互访，吉尔吉斯斯坦、塔吉克斯坦、乌兹别克斯坦总统还出席了阿斯塔纳建都20周年的活动。可以说，2018年是中亚深化合作的关键年。

其次，领导人之间的积极互动为各国合作拆除了一些障碍。在阿斯塔纳中亚国家领导人非正式会晤期间，大家坦率地讨论了边界、水资源、生态环境等敏感问题，体现了真诚合作的精神。特别是乌塔两国签署了《加强睦邻合作的共同声明》《乌塔部分边界协定》等27个合作文件，内容涵盖安全、经济、能源、人文各领域，表达了开放边境口岸、扩大贸易、建设水电站的合作意愿。

第三，地区合作态势为区域内各国社会稳定、经济发展提供了保障。2018年，各国的政治进程平稳推进。吉尔吉斯斯坦加大反腐力度，并平稳进行政府更迭；哈萨克斯坦以法律形式提升了国家安全会议在权力结构中的地位，确保共和国首任总统对国家安全事务的掌控；塔吉克斯坦通过修改《选举法》，强化了社会政治稳定的导向；土库曼斯坦成功举行了议会选举，新一代政治家脱颖而出；乌兹别克斯坦大幅调整政府机构和领导配备，有力推进《乌兹别克斯坦五大优先方向行动战略（2017—2021年）》。各国强力部门加强合作，多次举行反恐联合演习，社会治安明显改善，极端主义和恐怖主义得到有效控制，除在塔吉克斯坦出现个别恐怖暴力事件、在吉尔吉斯斯坦出现少数人的骚乱事件外，各国局势总体平稳。

正是在这样的大背景下，各国经济持续恢复。根据亚洲开发银行发布的《2018年亚洲发展报告》，2018年中亚地区（含中亚五国及外高加索国家）的整体经济增速从4.1%调增至4.2%，而且是在阿塞拜疆与格鲁吉亚经济增长放缓的背景下实现的。特别值得指出的是，2016年以来，乌兹别克斯坦进行经济改革，为外资提供了税收等优惠政策，随着投资环境的好转，乌兹别克斯坦对外资的吸引力大大提高，2018年该国的外资企业数量猛增了37%，为全年经济增长超过5%奠定了基础。

第四，中亚强化区域合作也促进与各大国的积极互动。2018年年初，美国与中亚五国外长在纽约举行了“C5+1”外长会议，讨论了地区安全与多边合作问题。哈萨克斯坦和乌兹别克斯坦总统还先后对美国进行了国事访问，为采购美国军工产品、恢复阿富汗北方运输线等问题达成协议。俄罗斯总统普京四次到访中亚，外长拉夫罗夫与防长绍伊古也先后访问中亚，俄罗斯与中亚各国在独联体、集体安全条约组织、欧亚经济联盟等框架内的合作不断得到加强。欧盟也看好中亚区域合作的趋势，加大了关注度。2018年3年，欧盟委员会副主席、外交与安全政策高级代表莫盖里尼与中亚五国外长（土库曼斯坦为副外长）在塔什干举行“C5+1”外长会议，讨论区域合作与基础设施建设。欧盟正在准备新的对中亚战略。中国领导人借上海合作组织青岛峰会、上海进口博览会等平台，与中亚各国领导人深入交换看法，就进一步深化各领域的合作，特别是在丝绸之路经济带框架下的合作达成了广泛共识。如，中哈产能合作的55个项目正在有序落地。

需要特别指出的是，中亚强化区域合作的国际背景是：美国政府不断“退群”，单边主义和保护主义十分嚣张；英国“脱欧”，欧盟内部各种纷争不断公开化；许多发达国家贸易保护主义、民粹主义不断抬头，国际局势动荡。在这样一个复杂而逆势的背景下，中亚地区合作显得更加难能可贵。中亚区域合作代表了人类社会发展的大方向。

当然，中亚区城合作还面临着不少困难。按各国际金融机构的预测，2019年全球经济增幅下滑，不免会牵制中亚各国经济增长和地区经济合作。美军撤离，阿富汗和平进程推进与国内选举，都会导致阿富汗局势存在极大的不确定性，中亚各国面临的外部安全威胁增大，可能引发区域内极端恐怖势力的反弹。随着中亚区域合作走向深入，解决具体问题的难度也会不断增大。但不管前面有多大的困难，笔者都坚信相信，中国作为友好邻邦和战略伙伴一定会坚定地站在中亚各国人民的共同利益一边，继续推进丝绸之路经济带与各国发展战略的对接，继续在上海合作组织框架内加强与中亚各国在安全和经济领域的合作，继续推动与中亚各国民之间的交往，共同维护地区安全、稳定、发展。

推动中亚走向地区利益共同体的新锐动力

——乌兹别克斯坦对外政策的当代地缘意义

【摘要】中亚地区各国由于历史和地缘上的原因，彼此在政治、经济和文化上相互联系密切。获得独立28年来，曾因水源、边界、领土等问题出现过的矛盾纠纷不仅严重影响国家间关系，而且也阻碍了各自的社会转型与经济发展，甚至威胁地区的稳定与安全。2016年年末以来，乌兹别克斯坦米尔济约耶夫总统推动内外政策改革，其中将改善与中亚周边国家关系作为重点，由此撬动了中亚地区各国间关系的向好变化。两年多的时间里，中亚国家间不仅在政治上互信水平提高，而且在边境领土划分、水资源共同利用、交通走廊共享等具体领域取得重大进展，以成功的区域合作实践有力促进和推动了地区利益共同体理念的逐步确立。

【关键词】乌兹别克斯坦　中亚　地区利益共同体

【作者】许涛，中国现代国际关系研究院研究员，中国俄罗斯东欧中亚学会理事。

中亚地区处于欧亚大陆的中心，曾是历史上各大文明交流的十字路口，也是东西方强大权力中心多次覆盖和渗透的地域。历史上，中亚民族和地方政权实现的一次次跨越性社会进步和文化统一，往往是在外部强权介入甚至是征服的背景下完成的。一次次域外势力的强行介入，几乎全程伴随着战争和屠杀，也造成了一次次的文化转型和文明改写。显然，这段漫长、曲折、复杂的历史过程对于中亚诸民族都是充满痛苦和纠结的回忆。但是无论是从人类社会进步的视角观察，还是从中亚民族文明进程的路径考量，历史上多次发生的外来强权入侵却在客观上促使中亚诸民族实现和完成了国际化与现代化的过程。冷战结束，中亚诸民族终于实现了完全意义上的主权独立，各主体民族开始了现代民族国家的重构。其中，乌兹别克斯坦以其雄厚的历史文化积淀和特殊的地缘中心位置，注定在这场地区性的文化与经济变革中发挥关键性作用。尤其在近两年间，乌兹别克斯坦新任总统米尔济约耶夫先生推出的一系列改革开放措施，不仅使这个“丝绸之路”上的古老国度焕发出前所未有的活力，而且以其特有的地缘张力带动了所有中亚国家相互关系的调整和共同克服地区发展困难的集体行动。这一地区发展趋势是对当今经济全球化的积极反应，因而也引起了国际社会和各国学界的高度关注。如何看待这一引人注目的趋势和动向，已有中外学者做出中亚区域经济一体化进程抑或由此正式启动的猜测。如，赵常庆教授认为，“尽管中亚实现一体化还存在不少问题，不确定因素还不少，不会一步到位，但实现一体化是各国的普遍愿望和要求，……区域经济一体化一定会实现，只是时间问题而已”。[①] 尽管应该怎样定性还有待时间的裁判，但从长期和发展的视角看，这一趋势却是有利于构建地区利益共同体国家关系条件的优化，正在形成一种共同稳定与发展的地区局部氛围。由此意义上肯定乌兹别克斯坦正在改善与周边国家关系的决定性作用，对认识中亚地区新时期发展规律的研究应是具有重要意义的。

一、地缘的优势与历史的禀赋

中亚地区在世界地理格局中所处的特殊位置，决定了它具有双重的地缘禀赋：一方面，处于欧亚大陆腹地，历史上的中亚诸民族的活动被局限在一个相对封闭的地缘空间之中；[②] 另一方面，中亚地区同时又处在欧洲、亚洲大陆板块的结合部，历史上人类活动主要路线和轨迹在这里交叉，这里又成为承载世界文明传播和交流的十字路口。这种双重的地缘特性给中亚社会文明的发展与进步构成了特殊的路径和逻辑：由于地处欧亚内陆中心，受到重大地理屏障的包围和分割，中亚民族社会文明发展很难主动突破由此带来的封闭性，与外部世界同步发展的内生性动力往往不足。这一特性成为学者研究中亚社会发展规律的重点，甚至被看作“稳定持久的政治实体不发达的

---

① 赵常庆：“中亚国家一体化有望重启”，《国家发展报告（2018）》，社会科学文献出版社，2018年3月，第105页。

② 英国学者加文·汉布里（Gavin Hambly）在他的著作《中亚史纲要》中强调，“中亚最重要和最显著的地理特征，是它完全隔绝来自海洋的影响”。参见[英]加文·汉布里（Gavin Hambly）：《中亚史纲要》，吴云贵译，商务出版社，1994年，第3页。

原因”。[①] 但又由于中亚所处在的世界发达文明扩散路径的交叉点上，不同起源、不同属性、不同特征的文化中心又都将其影响力向此辐射和覆盖，在推动中亚社会发展的同时，经过潜移默化的过程转而成为中亚多样性文化基因的一部分。同样，由于强大地理屏障的存在，能够对中亚地区发展进程产生改写性影响的文明中心必须具备的条件，除了它应该处于相对先进的历史发展阶段外，就是这一文化必须依附于一个强大的权力中心。在中亚文明史上曾经留下深刻印迹的主要域外强权中心，不论是在古代、近代还是现代，都带有上述基本属性。从公元前的波斯阿契美尼德王朝统治中亚、亚历山大的马其顿东征、汉朝经略西域，到月氏贵霜帝国、波斯萨珊帝国、阿拉伯帝国、西突厥汗国、蒙古帝国、沙俄帝国等，这些强大的军事征服和政治统治，几乎贯串了中亚地区文明发展史的整个过程。而本土孕育的文明力量也在一次次地试图克服这种地区历史的宿命，但是弱小内生性地缘文化的力量明显无法与强大域外文明压力相比，带来的结果往往是命中注定的徒劳和无奈。

但是在中亚文明发展史上也有过唯一的例外，这就是14—16世纪出现在中亚的帖木儿帝国。虽然这个地跨欧亚非庞大帝国的奠基人出身于蒙古人创建的西察合台汗国，但毫无疑问的是，中亚腹地沙赫里萨布兹—撒马尔罕典型中亚人文滋养成就了这个出自本土的帝王和家族。

① ［印］拉贾特·纳格、［德］约翰内斯·F.林、［美］哈瑞尔达·考利 主编:《2050年的中亚》，董幼学、马轶伦译，陈默校，中国大百科全书出版社，2018年5月第一版，第32页。

从帖木儿帝国时代继承了中亚地区最中心的位置，阿姆河和锡尔河流域成熟的灌溉系统，撒马尔罕、布哈拉、希瓦、浩罕等中亚历史上的文化中心，以及丰富的天然气、石油、黄金、长绒棉等自然资源，这些都使独立后的乌兹别克斯坦继承了一笔其他中亚国家不具备的重要战略资源。恰恰由于乌兹别克汗国在中亚地区占据的重要位置，使其成为继帖木儿帝国衰落后和沙俄帝国进入中亚前雄霸河中地区的强大民族政权。也正是由于这个原因，沙俄在占领中亚地区的过程中，很快就选定了以塔什干为中心扩大和巩固其在中亚殖民统治的格局：北经奇姆肯特连接哈萨克草原和俄罗斯，西经吉扎克、撒马尔罕通向布哈拉、马雷，南经铁尔梅兹扼住通往阿富汗、英属印度的要道，东经浩罕、安集延、奥什又可进入中国新疆南部的喀什。1867年7月，沙俄政府成立了突厥斯坦总督区，即以塔什干为中心建立起高效的军事殖民机构——突厥斯坦总督府，由此开始了对乌兹别克汗国后期分裂出来的布哈拉、希瓦、浩罕三汗国的最后征服。

“十月革命”后，苏维埃俄国和苏联政府基本延续了沙俄时期的中亚治理特点，以今天乌兹别克斯坦地区作为管理和建设全中亚的中心。1925年乌兹别克苏维埃社会主义共和国成立并加入苏联后，苏联政府仍将棉花生产作为这个共和国的主业，并进行了旨在推动种植业发展的土地和水利改造。同时，围绕农产品加工、农机制造，一些新兴工业在乌兹别克共和国也初步发展起来。尤其在1941—1945年的苏联卫国战争期间，大量工业企业和文化机构从苏联西部迁至乌兹别克共和国，随之还迁来了大批专家、学者、艺术家等。这一重大变化对乌兹别

2018年8月29日，米尔济约耶夫总统在塔什干州考察棉花种植农场。

克共和国的经济、文化发展注入了强劲的活力，并开启了机械制造、石油化工、天然气采运、军工生产等新兴工业的发展历史。到苏联解体前，乌兹别克共和国已经拥有了比较完备的工农业生产基础设施，形成了相对健全的国民经济体系。苏联政府对乌兹别克共和国在20世纪50年代采取了一些优惠政策，如可以把共和国征收的税金纳入自己的财政预算里，不需上缴联盟中央。在乌兹别克斯坦独立前，共和国的人均生产总值高于周边多数中亚共和国，并超过了印度和巴基斯坦，接近于土耳其。[①] 但是由于苏联时期计划经济对乌兹别克共和国的要求仍以棉花生产为中心，65%的耕地面积都用来种植棉花，粮食播种

① 孙壮志、苏畅、吴宏伟:《乌兹别克斯坦》，社会科学文献出版社，2004年3月版，第55页。

面积一直受到压缩。到独立前，乌兹别克共和国将近一半的口粮需要从其他共和国调入。

中亚各国独立后，乌兹别克斯坦继承了苏联时期已有的优势，在中亚地区成为经济和政治上自主性最强的国家，因而也成为本地区乃至独联体地区具有重要影响力的国家。对这种地区影响力的认可也来自国际社会，布热津斯基认为乌兹别克斯坦是“担当中亚地区领导的首选国家”，是中亚“地缘政治的支轴之一”。[①] 美国另一位中亚问题专家、约翰霍普金斯大学中亚与高加索研究所所长斯塔尔教授甚至认为，乌兹别克斯坦具有“影响欧亚地区稳定的特别因素”。[②] 秉承这些得天独厚的条件，独立后的乌兹别克斯坦不仅在内外政策上显得与众不同，而且在中亚地区各国均进入一个微妙转型阶段时，也在努力发挥出一种与众不同的影响和作用。

二、发展的需要与时代的选择

2017年中亚各国迎来获得独立后的第25个年头，这一年也是中亚地区内国家间关系出现了引人注目变化的一年。而这一变化的机缘和动力来自于乌兹别克斯坦最高领导人更迭后的一系列内外政策调整，其中就地区影响而言首当其冲的是对中亚邻国关系的修正。米尔济约耶夫总统于当年9月在第72届联

① [美]兹比格纽·布热津斯基:《大棋局：美国的首要地位及其地缘战略》，中国国际问题研究所译，上海人民出版社1998年2月版，第171、第198页。

② Starr Frederick S.Making Eurasia Stable.//Foreign Affairs.-1996.-January/February. pp.80-92.

合国大会上公开表示，“和平的、经济繁荣的中亚是我们主要的目标和关键的任务”。而为达到这一重要目标和完成这一关键任务，新任乌兹别克斯坦总统指出将准备与中亚各国领导人理智地讨论所有问题。为此，米尔济约耶夫总统正式倡议，并提出召开“中亚：共话历史，共享未来，为可持续发展与繁荣而合作”国际研讨会（«Центральная Азия: одно прошлое и общее будущее — сотрудничество ради устойчивого развития и процветания»），由此启动对中亚地区国家间关系问题高级别的讨论。[①] 同年11月，米尔济约耶夫总统在撒马尔罕亲自主持了上述国际研讨会。[②] 在这个有一百多名来自十多个国家代表参加的国际会议上，米尔济约耶夫总统又正式提出了举行中亚国家领导人会晤并成立“中亚领导人协会”（«Ассоциация лидеров стран Центральной Азии»）的倡议。[③] 这一倡议马上得到哈萨克斯坦总统纳扎尔巴耶夫的响应，并提出，在2018年3月的纳乌鲁兹节期间在阿斯塔纳召开首届“中亚各国领导人圆桌会议 ”（«Круглый стол руководителей государствах Центральной

---

① Текст выступления Президента Узбекистана Шавката Мирзиёева на 72-й сессии ГенАссамблеи ООН, http://www.press-service.uz/ru/lists/view/1063，登录时间：2019年3月6日。

② Выступление Президента Республики Узбекистан Шавката Мирзиёева на Международной конференции «Центральная Азия: одно прошлое и общее будущее, сотрудничество ради устойчивого развития и взаимного процветания» в г.Самарканде, Источник: https://kokshetau.asia/obshchestvo/25314-vystuplenie-prezidenta-respubliki-uzbekistan-shavkata-mirzijoeva-na-mezhdunarodnoj-konferentsii-tsentralnaya-aziya-odno-proshloe-i-obshchee-budushchee-sotrudnichestvo-radi-ustojchivogo-razvitiya-i-vzaimnogo-protsvetaniya-v-g-samarkande，登录时间：2019年3月7日。

③ Мирзиёев предложил создать Ассоциацию глав регионов Центральной Азии, ТАШКЕНТ, 10 ноя. 2017— Sputnik，https://ru.sputniknews-uz.com/politics/20171110/6786168/mirzieev-associaciya-glav-ca.html，登录时间：2019年3月10日。

Азии»)。2018年3月15日，中亚国家领导人非正式工作协商会晤（«Рабочая консультативная встреча глав государств Центральной Азии»，以下简称“中亚五国元首峰会”）在哈萨克斯坦首都阿斯塔纳举行。各国领导人在会议上分别对共同关心的本地区问题发表了讲话，并签署了《联合声明》。在这一《声明》中规定，中亚领导人工作会晤将以一年一次的机制化形式固定下来。[①] 这是中亚五国独立以来第一次没有域外大国参与的各国领导人为商讨本地区问题而举行的会议，是具有开创意义的首次地区峰会。会议的关注点首先集中在困扰各国正常相处的边境和领土问题、跨界水资源问题、“后伊斯兰国时期”的地区安全等问题上。[②] 虽然仅仅靠一次国家领导人会议不可能解决中亚地区长期存在的复杂问题，但中亚峰会为各国解决上述问题的建设性措施和具体行动提供了重要政治前提，开启中亚地区国家间关系良性互动的进程。乌兹别克斯坦领导人以其宏大的格局和长远的视角，为推动这一进程的启动发挥了关键性作用。

2018年3月中亚五国元首峰会后，各国领导人为解决影响国家间关系和制约地区发展的主要问题开展一系列积极行动。首先，乌兹别克斯坦政府在解决边境和领土争议问题上采取的平和、真诚、理智态度，为中亚各国同样采取前所未有的宽容、协商态度起到了率先垂范的作用。截至2018年3月中亚五国元

① В Астане стартовала встреча глав государств Центральной Азии, 15.03.2018. Источник: https://24.kz/ru/news/top-news/item/227354-v-astane-startovala-vstrecha-glav-gosudarstv-tsentralnoj-azii，登录时间：2019年4月1日。

② Мирзиёев: Интеграция стран Центральной Азии, 15 марта 2018, — REGNUM, https://regnum.ru/news/2390430.html，登录时间：2019年4月1日。

2018年3月9日，米尔济约耶夫总统与塔吉克斯坦总统拉赫蒙举行会谈。

首峰会召开时，乌兹别克斯坦与吉尔吉斯斯坦已经成立了“乌吉政府间国家边界划分委员会”，并通过积极的谈判与协商，原则上确定了两国间未定边界的80%地段（乌吉边界仅有1387公里，其中85%为已确定边界，15%尚未确定），大大缓解了独立以来边境军事摩擦常态化的状况。据这个政府间委员会的专家透露，乌兹别克斯坦与吉尔吉斯斯坦两国边界划分于2018年基本完成后，委员会的工作将转向解决更加复杂的“飞地”问题。为此，双方决定采取就近置换领土的方法，逐一消灭两国间存在多年的“飞地”问题。[①] 尽管这种尝试在中亚各国独立之初曾经有过，但受到当时不成熟国家关系和复杂地区环境影响均无果而终。在新的时代条件和国家关系背景下，由乌兹别克斯坦首先积极推动的这一边境领土问题解决方式让国际社会十分期待。

由于历史的原因，中亚地区许多生活资源和经济资源构成了各国共同的发展条件。例如，以阿姆河和锡尔河为主的大量跨界河流，构成了中亚各国、各民族生存不可分割的共同环境。而中亚地区大陆性干旱气候，大量沙漠、戈壁、干旱与半干旱草原的自然条件，地表水源成为各国稳定与发展的重要战略资源。在中亚各国独立后的25年中，关于跨界河流水源分配的问题甚至一度成为影响国家间政治关系的死结。从2017年开始，乌兹别克斯坦向相关中亚各国频频发出积极信号，以诚恳

① Киргизия отдаст Узбекистану анклав Барак: Власти Киргизии и Узбекистана обменяются земельными участками в рамках процесса делимитации государственной границы, 14-08-2018, Новости Узбекистана, https://nuz.uz/politika/34875-kirgiziya-otdast-uzbekistanu-anklav-barak.html，登录时间：2019年4月1日。

姿态邀约各方讨论共同、和平、合理使用跨界河流问题。2017年4月，乌兹别克斯坦外交部长卡米洛夫在一次国际媒体会议上呼吁所有中亚国家采取对话方式解决水资源争端，并对前不久联合国中亚地区预防外交中心向有关国家及世界银行递交的《阿姆河和锡尔河公约》表示支持。[①] 米尔济约耶夫总统也表示，希望在照顾到各方利益关切的情况下，通过互谅互让、平等协商，找到对各国均有利的妥协方案。而且，对塔吉克斯坦方面再次启动位于上游的罗贡水电站项目，乌方再没有提出激烈批评和反对。[②] 同年6月，乌兹别克斯坦下院议长阿里哈诺夫表示，乌方愿在国际法有关准则的基础上，合理、公平地使用跨界水资源。[③] 乌兹别克斯坦率先在商讨中亚地区跨界水资源问题上的积极态度与行动，大大改变了此前各国在这一问题上剑拔弩张的姿态，使中亚各国与国际社会看到了和平解决这个“世纪难题”的光明前景。

另外，交通基础设施的共同利用也是个困扰各国的复杂问题。同为欧亚大陆中心的内陆国家，打通与世界联通（特别是经伊朗进入波斯湾）的交通走廊一直是中亚各国经济建设和外交努力的重要方向。为此，哈萨克斯坦、土库曼斯坦早些年曾与伊朗和阿曼签署过政府间合作协定（«Соглашение

---

① “乌外长呼吁所有中亚国家采取对话方式解决跨境水资源争端”，中华人民共和国驻乌兹别克斯坦共和国经济商务参赞处，2017年4月19日，http://uz.mofcom.gov.cn/article/jmxw/201704/20170402560119.shtml，登录时间：2019年4月8日。

② 李自国：“乌兹别克斯坦”，《中亚国家发展报告》（2018），社会科学文献出版社，2018年3月版，第294页。

③ “乌方表示支持跨境水资源的合理使用”，中华人民共和国驻塔吉克斯坦共和国经济商务参赞处，2017年6月25日，http://tj.mofcom.gov.cn/ article/jmxw/201706/20170602585339.shtml，登录时间：2019年4月8日。

«О создании Международного транспортного и транзитного коридора между правительствами Исламской Республики Иран, Туркменистана, Республики Узбекистан и Султаната Оман» (Ашхабадское соглашение, 25 апреля 2011 г.)。2018年，乌兹别克斯坦也加入了这个协定，使中亚国家铁路交通与波斯湾海运联通的交通运输走廊建设更加具有现实性和可靠性。[①]

古代中亚诸民族长期游牧的历史，使各国当代社会政治文化中仍然保留着浓厚的集体主义和威权主义传统。尤其在独立以后，以总统为核心的精英政治一直是中亚各国社会政治结构中的基本形态。中亚国家间的政治关系水平很大程度上取决于各国领导人之间的个人关系，着手改善国家间关系也首先意味着中亚领导人之间关系的改善。为此，作为地处中亚中心位置和人口大国的乌兹别克斯坦也率先走出了这一步，并以实际行动带动整个地区国家领导人及国家间关系的趋暖。2016年9月，时任代理总统的米尔济约耶夫派外交部长卡米罗夫访问塔吉克斯坦，这是乌塔关系长期恶化后的第一次高级别访问。同年12月，米尔济约耶夫当选乌兹别克斯坦新一届总统后，塔吉克斯坦总统拉赫蒙在第一时间发出贺电，并打电话就未来两国关系发展问题深度交谈。[②] 2017年3月，米尔济约耶夫总统首先访问了哈萨克斯坦，并与哈领导人共同签署了《关于进一步深化两国战略合作伙伴关系及加强邻邦友好关系的联合宣言》等七份

---

① Казахстан присоединился к Ашхабадскому соглашению, предполагающему создание международного транспортного и транзитного коридора, 15 ноября 2018, http://ca-news.org/news:1480989，登录时间：2019年4月10日。

② 王宪举："中亚国家合作势头加强"，《中亚国家发展报告》(2017)，社会科学文献出版社，2017年6月版，第183页。

合作文件。同年5月，米尔济约耶夫总统又访问了土库曼斯坦，并签署了《乌兹别克斯坦与土库曼斯坦联合声明》等多份文件。2017年9月，米尔济约耶夫总统访问了自2010年“4·7革命”以来处于僵持关系中的吉尔吉斯斯坦。

2018年3月，米尔济约耶夫正式访问了塔吉克斯坦。米尔济约耶夫总统作出的积极姿态，为中亚各国关系转暖发挥了关键性促进作用。米尔济约耶夫总统与周边国家主动修好的行动很快得到积极回应，吉尔吉斯斯坦前总统阿塔姆巴耶夫于2017年10月回访乌兹别克斯坦，12月新任吉总统的热恩别科夫也访问了乌兹别克斯坦。2018年8月，塔吉克斯坦总统拉赫蒙也正式访问了乌兹别克斯坦。米尔济约耶夫总统打破坚冰的勇气和智慧，为中亚各国领导人在解决本地区共性发展难题和建立紧密合作关系的探索中寻找到了政治上的契合点。

三、变化的环境与共同的命运

在当前全球化深入和普遍发展的大趋势下，各经济主体同时面临发展的机遇与失衡的风险。在这个正处于急剧变化的世界里，位在欧亚大陆腹地的乌兹别克斯坦同样身在其中。国际实践证明，建立广泛的和平友好、互利合作关系，是规避当前国际环境骤变风险的优先方案。因此，在努力优化中亚地区合作环境的同时，经营域外次区域国家间良性互动关系也是乌兹别克斯坦近两年对外政策的突出方向之一。米尔济约耶夫总统当政以来，将乌兹别克斯坦首任总统卡里莫夫时期坚持的多边平衡外交推上了一个更高、更新的阶段。以改善与本地区周边

2017年12月13日，吉尔吉斯斯坦总统热恩别科夫访问乌兹别克斯坦。

国家关系和维持与全球性大国平衡外交为基础，进一步拓展中亚地区相关邻近国家的建设性关系是乌兹别克斯坦对外政策提升的又一重要方向。

首先，乌兹别克斯坦抓住时机改善与土耳其的双边关系。土耳其是伊斯兰国家和操突厥语族语言国家中实现现代化转型最成功的国家之一，在苏联解体后一直是向中亚地区施加经济和文化影响的地区大国。由于土耳其一度极力充当“世界突厥语国家”领袖的角色，借所谓“同源文化”鼓吹新版“泛突厥主义”，引起乌兹别克斯坦、哈萨克斯坦等中亚国家的警觉和反感。2011年，乌兹别克斯坦政府曾以违反金融与税务法规为由关闭了“MirStore”等50多家在乌的土耳其企业，两国关系进入低谷。[①]在全球及地区形势发生重大变化后，乌土双方均有意寻找合适契机恢复建设性伙伴关系。2016年11月，米尔济约耶夫以代总统身份会见了来撒马尔罕祭奠逝世首任总统卡里莫夫的土耳其总统埃尔多安。双方就两国关系发展的现状、前景、各领域的合作情况以及双方共同关心的国际和地区问题交换了意见。米尔济约耶夫在会见时表示，乌兹别克斯坦将土耳其视为重要和长期的合作伙伴，乌方将一如既往地致力于加强两国人民之间的友好并在相互信任的基础之上推进两国的双边合作。2017年2月，米尔济约耶夫总统委派乌第一副总理阿济莫夫率代表团访问土耳其，与土总统埃尔多安、总理耶尔德勒姆举行会晤，并参加了在伊斯坦布尔举行的乌土商业论坛。阿济莫夫访土期间，双方企业签署的一

① “乌兹别克斯坦大范围封杀土耳其企业”，亚心网，2011年5月22日，http://xjjjb.com/html/news/71757.html，登录时间：2019年4月11日。

揽子合作文件涉及项目总额超过10亿美元。[①] 接着，当年5月在北京参加“一带一路”国际合作高峰论坛时，米尔济约耶夫总统再次与埃尔多安总统会晤，双方就全面落实撒马尔罕会晤中达成各项共识的具体实施举措，并就两国各领域合作下一阶段重点方向、重点领域和重点项目交换意见。[②]

其次，积极推动与伊朗的友好合作关系。伊朗既是包括乌兹别克斯坦在内的中亚国家向西联通波斯湾交通走廊的不可替代合作伙伴，同时还是防范中东以“伊斯兰国”为代表的宗教极端主义势力渗透和颠覆的政治盟友。而长期遭受美国及西方国家制裁的伊朗，也急切希望通过与乌兹别克斯坦等中亚国家加强经贸联系，巩固本国经济正常发展。2017年9月，米尔济约耶夫总统在阿斯塔纳参加世界伊斯兰合作组织会议时，会见了伊朗总统鲁哈尼。两国领导人讨论了在经贸、交通、能源、金融和反恐等领域中合作的问题。米尔济约耶夫表示支持伊朗加入上海合作组织（以正式成员国身份）的意愿，并正式邀请鲁哈尼总统访乌。[③]

2018年4月，米尔济约耶夫总统专门指示乌对外经贸部重点促进与伊中小企业合作，并派出以对外经贸部部长霍贾耶夫、工商会主席伊克拉莫夫为首的政府代表团赴伊朗进行工作访问，

① “乌兹别克斯坦与土耳其签署一揽子文件 涉及项目总额超10亿美元”，中华人民共和国驻乌兹别克斯坦共和国经济商务参赞处，2017年3月12日，http://uz.mofcom.gov.cn/article/jmxw/201703/20170302532135.shtml，登录时间：2019年3月3日。

② Президент Узбекистана Шавкат Мирзиёев встретился с Президентом Турции Реджепом Тайипом Эрдоганом, пресс-служба Президента Республики Узбекистан, 14, Май 2017 г，http://old.prezident.uz/ru/news/5694/，登录时间：2019年3月2日。

③ Шавкат Мирзиёев встретился с президентами Ирана, Турции и Афганистана, gazeta.uz , 11 сентября 2017，https://www.gazeta.uz/ru/2017/09/11/meetings/.

2017年9月10日，米尔济约耶夫总统在阿斯塔纳参加世界伊斯兰合作组织会议期间，会见伊朗总统鲁哈尼。

其间乌方官员出席了乌伊政府间经贸和科技合作委员会例行会议，就政治、经贸、金融、科技、交通、海关等领域合作及成立两国实业界委员会交换意见。[①]

再次，继续加强和演化与阿富汗的合作。阿富汗是乌兹别

① “乌兹别克斯坦与伊朗拟签署关税特惠贸易协议”，中华人民共和国驻乌兹别克斯坦共和国经济商务参赞处，2018年4月20日，http://uz.mofcom.gov.cn/article/jmxw/201804/20180402734598.shtml，登录时间：2019年4月10日。

克斯坦的邻国，由于苏联解体后持续发生的战乱，这个拥有9%乌兹别克族国民（数量在300万以上）的国家成为影响包括乌兹别克斯坦在内的中亚地区稳定与安全的重要策源地。米尔济约耶夫总统继承了卡里莫夫总统时期积极的阿富汗政策，通过建立平等政治关系、互利经贸合作、积极促进和谈等重要途径，对阿富汗实现民族和解与和平进程施加建设性影响。在继续向国际社会推动解决阿富汗问题的“6+2”会议模式（阿富汗的六个邻国：中国、巴基斯坦、塔吉克斯坦、乌兹别克斯坦、土库曼斯坦、伊朗，加美国、俄罗斯）的同时，2017年乌兹别克斯坦外交部又提出“C5+1”（中亚五国外长加阿富汗外长）的协商对话机制。[①] 2018年3月，乌兹别克斯坦主办了阿富汗问题塔什干高级别会议。有中国、俄罗斯、美国、法国和联合国、欧盟、北约等23个国家及国际组织参加了这次会议，与会各方共同签署了《塔什干宣言》，以“和平进程、安全领域合作与地区协作”为主导，尽早促成阿富汗政府与塔利班武装之间实现不附加任何前提条件的双边和谈，推进阿富汗和本地区问题的解决。[②] 米尔济约耶夫总统在这次会议上强调了乌兹别克斯坦的立场：军事手段无法彻底解决阿富汗问题，只有在阿富汗内部推动对话和协商才是有效的途径。[③] 在努力推动增加政治协商对话渠道与

① “乌积极参与中亚区域政治进程”，中华人民共和国驻乌兹别克斯坦共和国经济商务参赞处，2017年12月14日，http://uz.mofcom.gov.cn/article/jmxw/201712/20171202684735.shtml，登录时间：2019年4月11日。

② “塔什干 阿富汗问题高级别会议举行 各方呼吁阿政府与塔利班直接对话”，央视网，2018年3月28日，http://news.cctv.com/2018/03/28/ARTIFHWDpHqXwuNVVvt09aA6180328.shtml，登录时间：2019年4月11日。

③ 苏畅：“乌兹别克斯坦”，《中亚国家发展报告》（2019），社会科学文献出版社，2019年1月版，第304页。

机制的同时，乌政府也在交通、能源等方面为阿富汗和平进程施加积极影响。2018年4月，米尔济约耶夫总统在会见新闻媒体代表时表示，乌将参加“TAPI”跨境天然气管道项目建设（土库曼斯坦—阿富汗—巴基斯坦—印度），并强调这一项目不仅对发展乌经济有利，而且有助于阿富汗恢复和平与稳定。[①] 同年8月，乌外长卡米洛夫赴阿富汗工作访问期间，与阿富汗高层讨论了修建“马扎里沙里夫—赫拉特”乌、阿、伊三国跨境铁路和“苏尔汉—布利—胡姆里”乌阿跨境输变电线路等问题。同年12月，卡米洛夫在日内瓦出席阿富汗问题国际高级别会议时表示，乌阿跨境输变电线路“苏尔霍—布利—胡姆里”建成投产后将使两国间输电能力提升70%以上，年输送电能可达60亿千瓦时，并将形成联通中亚—阿富汗统一电网，成为“CASA—1000”项目（中亚—南亚1000千伏输变电线路）的组成部分。[②] 2019年1月，米尔济约耶夫总统在访问德国时再次强调了尽快启动阿富汗和平进程的愿望，并就此与德国领导人交换了意见。同年2月，乌外长卡米洛夫在塔什干表示，乌方已为在本国举办阿富汗政府与塔利班之间的直接谈判做好准备，并愿为落实2018年3月《塔什干宣言》提出的目标创造一切必要条件。[③] 另据乌能源部披露的信息，从2002年起至今，乌企业已向阿富

---

① “乌将参与TAPI跨境天然气管道项目建设”，中华人民共和国驻乌兹别克斯坦共和国经济商务参赞处，2018年4月26日，http://uz.mofcom.gov.cn/article/jmxw/201804/20180402737295.shtml，登录时间：2019年4月4日。

② “乌积极研究扩大区域电力合作”，中华人民共和国驻乌兹别克斯坦共和国经济商务参赞处，2018年12月8日，http://uz.mofcom.gov.cn/article/jmxw/201812/20181202815269.shtml，登录时间：2019年4月4日。

③ “乌兹别克斯坦外长说乌愿主办阿富汗和谈”，新华社，2019年2月5日，http://m.xinhuanet.com/2019-02/05/c_1124087949.htm，登录时间：2019年4月4日。

汗输出了25亿千瓦电力。在经过电网改造后，计划目标是向阿富汗输电达80亿千瓦。[①] 从上述行动和措施可以看到，乌兹别克斯坦正以一个负责任的地区大国身份，为在中亚及周边地区营造共同有利的发展环境发挥积极作用。

结　语

2013年3月，中国国家主席习近平在俄罗斯莫斯科国际关系学院演讲时发表了题为“顺应时代前进潮流，促进世界和平发展”的演讲。他在演讲中指出，“这个世界，各国相互联系、相互依存的程度空前加深，人类生活在同一个地球村里，生活在历史和现实交汇的同一个时空里，越来越成为你中有我、我中有你的命运共同体。”[②] 这一理念的提出意味着对原有国际关系格局的重新审视，也意味着在这种重新认识前提下的国际秩序重组。推动构建新型国际关系和推动构建人类命运共同体，正成为当今中国外交的方向和任务。目前在中亚地区出现的国家关系积极调整趋势，恰恰印证了中国领导人提出这一理念的现实性和可行性。全球化使世界变成越来越狭小的空间，无论从安全、稳定、发展、繁荣哪个需求角度出发，共同环境的决定性作用越来越重要。而从历史的逻辑看，人类命运共同体的构建更有望从局部地

① Узбекистан планирует производить 117 млрд киловатт электроэнергии, ИА REGNUM, 13 февраля 2019, https://regnum.ru/news/2572283.html，登录时间：2019年4月5日。

② 习近平：“顺应时代前进潮流，促进世界和平发展”，2013年3月24日，在莫斯科国际关系学院的演讲，中国网新闻中心，http://www.china.com.cn/news/txt/2013-03/24/content_28342193.htm，登录时间：2019年4月11日。

区的利益共同体构建基础上逐步生成。中亚各国正在努力推动和完善的积极趋势，有望成为人类社会寻找新时期共同发展道路的有益尝试和重要实践。而启动这一进程的关键性国家主体乌兹别克斯坦，势必会在这一进程中继续发挥至关重要的作用，并通过这一进程成就一个地区大国的责任和辉煌。

“一带一路”框架下的中乌经贸合作

【提要】中国与乌兹别克斯坦的关系有两千多年的历史，两国民众对丝绸之路有天然的好感。乌是最早提出复兴丝绸之路的国家之一，对中方提出“一带一路”倡议高度赞赏并积极支持。“一带一路”契合了乌国家经济多元化、现代化、本地化的发展战略，双方在交通基础设施、工业园区、农业等领域开展了一系列合作并取得了看得见摸得着的成果。乌兹别克斯坦正加速改革开放，营商环境不断改善，社会稳定，有诸多开展经济合作的有利条件，进一步深化两国合作符合各方利益。

【关键词】“一带一路”　中乌关系　丝绸之路

【作者】李自国，中国国际问题研究院欧亚所代所长。

乌兹别克斯坦是古丝绸之路上最重要的国家之一，与中国历史渊源很深。乌兹别克斯坦对“一带一路”倡议高度重视，双方合作不断走深走实。米尔济约耶夫就任总统后采取了一系列重大改革，乌营商环境大幅改善，为双方合作拓展了新的空间。

一、乌兹别克斯坦与丝绸之路的历史渊源

乌兹别克斯坦的历史悠久，古丝绸之路从乌穿过，撒马尔罕、布哈拉、塔什干、希瓦等都是古丝绸之路上的重镇。2016年6月22日，习近平在乌兹别克斯坦最高会议立法院演讲时称布哈拉是“丝绸之路上的活化石”，他表示，“塔什干、布哈拉、撒马尔罕这些古老城市，就像散布在丝绸之路上的明珠，串接起东西方友好往来、互学互鉴的历史记忆，也在世界文明史上留下了浓墨重彩的篇章”。[①]

中国史籍对今天乌兹别克斯坦的很多地方都有记载。如，《史记·大宛列传》中的大宛即现在的费尔干纳地区，部分位于今天的乌兹别克斯坦境内。2012年起，中国与乌兹别克斯坦的联合考古队对乌兹别克斯坦费尔干纳地区的明切佩古城遗址进行了发掘考古，证实了明切佩古城是公元前后费尔干纳盆地面积最大的城址。中国素有“昭武九姓”之说，即乌兹别克斯坦的古国多是来自今天甘肃一带的月氏人所建。据《史记·大宛列传》记载，“始月氏居敦煌、祁连间，及为匈奴所败，乃远去，

① 习近平:《携手共创丝绸之路新辉煌》(习近平在乌兹别克斯坦最高会议立法院的演讲)，《人民日报》，2016年6月23日02版。

过宛，西击大夏而臣之，遂都妫水北，为王庭。其馀小众不能去者，保南山羌，号小月氏”。[①] 妫水，即阿姆河。2019年2月，在乌国家历史博物馆举办了“中乌联合考古成果展——月氏与康居的考古发现”，通过阶段性考古成果揭秘了月氏文化在该地区的发展情况。

到中国隋唐朝时期，这一地区分布着大大小小十余个国家。《隋书·列传》第四十八章八十三卷，对吐火罗、挹怛、康国、安国、石国、米国、史国、曹国、何国、穆国、漕国、附国等进行了介绍。这些国家大多在乌兹别克斯坦境内。如，《隋书》中的史国，与《大唐西域记》中的羯霜那，指的是今天乌兹别克斯坦的沙赫里萨布兹（帖木儿的诞生之地）。《大唐西域记》对一些地方的描述更详细，如关于飒秣建国（即康国，也就是撒马尔罕）介绍称，“并位于诸国之首，‘国大都城周二十余里，极险固，多居人。异方宝货，多聚此国。土地沃壤，稼穑备植，林树蓊郁，花果滋茂，多出善马。机巧之技，特工诸国。气序和畅，风俗猛烈。凡诸胡国，此为其中’。”[②]

从物质文化看，葡萄、甜瓜、西瓜、苜蓿、黄瓜（胡瓜）、胡萝卜、石榴、豌豆、豇豆、蚕豆、大蒜（胡蒜）大葱、胡琴、琵琶、笛子等都是从西域传入的。中国的桃、李、杏等传入中亚及中东。上述植物多数产于中东地区，但经中亚地区向中原传播，因此带有“西域”色彩，如石榴最早出现于伊朗，《博物志》记载称，“汉张骞出使西域，得涂林安石国榴种以归，故名

① 司马迁:《史记》第十六册，第一百二十三卷，第6397页，中国文联出版社。

② 玄奘:《大唐西域记》，崇贤书院释译，第021页，黄山书社出版。

安石榴”。[①]

在南北朝、隋唐期间不断有中亚人在中国定居，并以自己的母国名为自己的姓氏，故今天的康姓、安姓、石姓等部分来自今天的乌兹别克斯坦，如著名的历史人物安禄山、史思明等。元朝时期曾将一批西域工匠东迁，其中最有名的是来自布哈拉的政治家赛典赤·赡思丁·乌马儿，13世纪晚期（元朝），被任命为中国云南行省平章政事，即云南行省的最高长官。他兴修水利、开办学校、发展经济，受到当地人民爱戴。由于对云南的发展贡献很大，死后追封咸阳王，云南人为其立庙祭祀。今天云南的回族多是其部族的后裔，赛典赤·赡思丁·乌马儿有五子，其后代将先辈的名字分拆，以其一部分为姓，如长子名纳速拉丁，其后人即以纳、速（苏）、喇（拉）、丁为姓。云南回族有“赛、纳、哈、速、忽、马、撒、沙、丁、闪、穆、杨、郝”“十三姓”的传说。1369年，出生于撒马尔罕的天文历法学家伍儒应邀前往中国，在南京参与修建天文台，并在雨花台“回回司天监”供职。伍儒后人曾“历五世皆世其官”，今南京的伍姓多其后裔。

二、中乌在“一带一路”框架下的政策沟通

作为古丝绸之路上的重要国家，乌兹别克斯坦一直有复兴丝绸之路的想法。1994年，乌兹别克斯坦与联合国教科文组织联合举办过复兴丝绸之路的活动，并发表了“复兴伟大的丝绸

① 李时珍：《本草纲目》卷30，《果部》，第756页，1994年，中医古籍出版社出版。

之路撒马尔罕宣言”，也就是说，在中方提出“丝绸之路经济带”倡议前，乌方就已经举办过复兴丝路的活动。习近平主席提出“丝绸之路经济带”倡议后，乌兹别克斯坦官方态度积极。2014年8月19日，乌兹别克斯坦首任总统卡里莫夫访华，他表示，乌方愿意积极参与中方建设“丝绸之路经济带”和亚洲基础设施投资银行的重要倡议，加快推进中—吉—乌铁路的建设。在随后签署的宣言提出，“双方支持并愿共同落实中方关于建设‘丝绸之路经济带’的倡议，将确定新的、具有前景的经济合作方向，进一步推动重点项目”。[①] 2014年10月24日，乌兹别克斯坦作为首批意向创始国，签署了《筹建亚洲基础设施投资银行备忘录》。2015年6月，中乌签署《关于在落实建设“丝绸之路经济带”倡议框架下扩大互利经贸合作的议定书》，提出要全面深化和拓展两国在贸易、投资、金融和交通通信等各领域合作，重点推动大宗商品贸易、基础设施建设、工业项目改造和工业园建设。

2016年6月，习近平主席访乌并在乌兹别克斯坦最高会议立法院发表了题为《携手共创丝绸之路新篇章》的演讲，对中乌在“丝绸之路经济带”框架下的合作给予高度评价，并提出了“健康丝绸之路”“智力丝绸之路”“和平丝绸之路”等新理念。2016年9月，乌兹别克斯坦首任总统卡里莫夫不幸去世，乌独立后首次进行政权交接。中乌关系展现出高度的继承性，两国政治经贸关系继续稳定发展。2017年5月，乌兹别克斯坦新任

① 《中华人民共和国和乌兹别克斯坦共和国联合宣言》，外交部网站，https://www.fmprc.gov.cn/web/gjhdq_676201/gj_676203/yz_676205/1206_677052/1207_677064/t1184077.shtml，登录时间：2014年8月19日。

总统米尔济约耶夫访华，并出席“一带一路”国际合作高峰论坛。在与习近平会见时，米尔济约耶夫表示，乌方愿与中方进一步深化乌中全面战略伙伴关系，以“一带一路”建设为主线，深化经贸、投资、产能、石化、基础设施、农业、电力、水利、教育、文化等各领域合作。期间，中乌签署了一大批文件，包括:《政府国际道路运输协定》《经济技术合作协定》《政府间国际运输协定》《中国国家旅游局与乌兹别克斯坦国家旅游发展委员会签署旅游合作协议》等。2019年4月，米尔济约耶夫参加了第二届国际合作高峰论坛。

2017年年底，乌总统发表首份国情咨文，其中三次提到中国。在乌兹别克斯坦优先的经济伙伴中，第一是中亚国家，然后就是中国，再次才是俄罗斯、韩国、美国等。该国情咨文特别提到，必需落实与中国在“一带一路”框架下的合作，提高乌兹别克斯坦的交通基础设施潜力。

三、“一带一路”高度契合乌兹别克斯坦发展战略

乌兹别克斯坦欢迎并积极参与“一带一路”建设绝不仅仅出于历史积淀下的好感，更多是因为“一带一路”契合了乌兹别克斯坦的国家发展战略，二者是互利的。主要表现为以下几个方面:

1. 设施联通契合乌兹别克斯坦内联外通战略，而与乌兹别克斯坦深化合作符合中国能源安全战略。

乌兹别克斯坦位于欧亚大陆的腹地，是世界仅有的两个“双内陆国”之一，对外交通不便意味着产品竞争力下降、参与国

际分工困难。乌兹别克斯坦《2015—2019年近期及长期发展纲要》提出，“乌兹别克斯坦面临的最严峻的问题之一就是交通闭塞，没有直接的出海口。通常要经过2—3个国家才能出口，物流成本高，影响企业的竞争力”。[①] 因此，发展交通基础设施，更便利“走向海洋”，是国家战略选择。

2015年3月，乌首任总统卡里莫夫批准了《2015—2019年基础设施发展纲要》，对公路、桥梁等建设提出了具体的目标。西南方向，2016年4月，乌批准了《关于建设乌兹别克斯坦—土库曼斯坦—伊朗—阿曼交通走廊的协议》。2017年3月，主动召开了“中亚—波斯湾”过境运输走廊工作委员会首次会议，向四国过境运输协调委员会提交了运输线路清单和对税费问题的建议。向北，根据乌哈政府间合作委员会第16次会议期间达成的共识，乌兹别克斯坦准备开通塔什干至阿拉木图的高速铁路。乌有意开通至哈萨克斯坦里海港口（阿克套和库雷克）的货运班列，以便更容易进入高加索和俄罗斯。向东，重点推动中国—吉尔吉斯斯坦—乌兹别克斯坦铁路建设。向南，已经建成了安集延—马扎里沙里夫（阿富汗）的铁路，有望成为中国与阿富汗加强经贸往来的重要通道。

具体到“一带一路”的设施联通，对乌产生重大影响的线路有三个。一是中—吉—乌公路。2017年10月，中—吉—乌国际公路运输试运行，2018年2月25日正式通车，开辟了三国间新的货运路线，中乌之间实现了直达，时间从8天缩短至2天左右。

---

① 《Программа действий Кабинета Министров на ближайшую и долгосрочную перспективу》，乌兹别克斯坦政府网站，http://www.gov.uz/ru/pages/perspective_program，登录时间：2015年1月27日。

二是中—吉—乌铁路。该铁路已经谈判了二十余年，目前，各相关方还在积极商谈。三是阿富汗—乌兹别克斯坦—吉尔吉斯斯坦—中国的运输通道。马扎里沙里夫至安集延的铁路竣工后，中阿之间增加了一个新的可靠通道，双方货物可先运至乌兹别克斯坦的安集延，然后运往中国或阿富汗。

中乌合作完成的最重大设施联通工程是安格连—帕普铁路上的卡姆奇克隧道。该铁路被称为“总统一号”工程，可使东部的安集延、纳曼干和费尔干纳与其他地区连接在一起，形成全国统一的铁路网。而跨越大山的隧道是项目的难点和重点。苏联在70年代曾研究过修建这条隧道，但认为需要耗时30年时间，因此，直至解体也没有启动。隧道长19公里，由中国进出口银行融资3.5亿美元，中铁隧道集团承建。2016年2月正式贯通，用时900天左右。2016年6月，习近平主席和卡里莫夫总统共同出席了卡姆奇克隧道通车视频仪式。该项目充分展示了中国的建设能力、建设速度和建设质量。

对中国来说，乌兹别克斯坦是“一带一路”能源通道上的关键国家。中国—中亚天然气管线是中国能源进口渠道多元化的标志性项目，对保证中国能源安全至关重要，而该管线共建成三条，分别是A、B、C线，全部经过乌兹别克斯坦，充分显示乌地理位置重要性。该管线既可以给乌兹别克斯坦带来过境费、增加就业，乌也可以借道向外出口天然气。2013年，乌通过该管线输气60亿立方米，未来拟提高到100亿立方米。中乌合作更重要的一个领域是“共同维护输油、输气管道等运输通

2016年6月，卡姆奇克隧道正式通车。

道安全”。[①]

2. 契合乌兹别克斯坦经济多元化战略，而乌兹别克斯坦为中国企业“走出去”提供舞台。

独立以来，工业现代化、经济多元化、生产本地化一直是乌兹别克斯坦的国家战略。2015年1月，首任总统卡里莫夫在“2014年工作总结与2015年优先发展方向”的报告中提出，“国际原材料价格波动使乌损失巨大，这使乌认识到必须加快经济

① 《推动共建丝绸之路经济带和21世纪海上丝绸之路的愿景与行动》，中华人民共和国中央人民政府官网，http://www.gov.cn/xinwen/2015-03/28/content_2839723.htm，登录时间：2015年3月28日。

的多元化和现代化”，[①] 提高产品的深加工能力。2017年2月，乌出台了新的国家发展战略《乌兹别克斯坦五大优先方向行动战略（2017—2021年）》，重申经济现代化、多元化、生产本地化是战略重心，而实现上述目标的工具是建立工业园区。2017年前，乌兹别克斯坦共有三个自由经济区，分别是纳沃伊自由经济区、安格连自由经济区、吉扎克自由经济区。2016年11月22日，作为代总统，米尔济约耶夫签署总统令，决定在撒马尔罕州乌尔古特、费尔干纳州昆卡特、布哈拉州吉日杜万和花剌子模州哈扎拉斯普四个城市建立新的经济特区，以促进当地经济发展。正式当选总统后，米尔济约耶夫总统一口气批准了12个经济特区和45个工业区。所有特区均实行特殊的海关、税收等优惠政策，30年不变，到期后可延期。2018年12月，米尔济约耶夫宣布2019年为“积极投资和社会发展年”，投资是“经济增长和各领域、各区域发展的动力，是引进新技术和高水平专家的重要渠道。”[②] 引资的主要方向是非资源型生产企业。目前，俄及西方国家对乌投资仍以能源为主。“一带一路”框架下优势产业转移和工业园区计划符合乌经济多元化、本地化的诉求。2019年1月，米尔济约耶夫总统提议在借鉴国际经验和其他国家相似机构职能基础上成立乌外国投资者支持基金，加大招商引资工作。

① 《Доклад Президента Республики Узбекистан Ислама Каримова на заседании Кабинета Министров, посвященном итогам социально-экономического развития страны в 2014 году и важнейшим приоритетным направлениям экономической программы на 2015 год》，乌兹别克斯坦对外经济、投资与贸易部网站，http://www.mfer.uz/ru/news/news-uzb/-2014-2015-/?sphrase_id=7023，登录时间：2015年1月21日。

② 《Послание Президента Республики Узбекистан Шавката Мирзиёева Олий Мажлису》，乌兹别克斯坦总统网站，https://www.president.uz/ru/lists/view/2228，登录时间2018年12月28日

在产业园区建设上，中国企业是先行者。2009年中企建立了“鹏盛工业园”，后成为“吉扎克工业园—鹏盛分园”，成为中乌合作示范园。该园区多次受到乌兹别克斯坦领导人的表扬。2014年1月4日，乌中央机关报《人民言论报》头版头条报道该园区的工作业绩。目前，园区内主要生产手机、陶瓷、肠衣、阀门、皮革等，年产值约为1亿美元，提供就业岗位1000多个，年交税约1000万美元。2014年12月，首任总统卡里莫夫在“宪法日”致辞中表示，华为、中兴和鹏盛公司是乌与外国投资合作的典范，为乌经济发展和经济结构改革做出巨大贡献。

2013年7月，中乌在塔什干举办了以“吉扎克工业园——专为中国企业量身打造”为主题的投资合作论坛，积极向中国企业推介该工业园区。随着“一带一路”建设的快速推进，吉扎克工业特区内，除鹏盛分园外，不断有企业入驻，截至2018年9月，园区内总共有22个生产项目，其中16个是和中国企业开展的，入驻企业包括华为、中兴、杭州中乌电表公司、中国明源丝路实业有限公司等。园区内最大的项目是明源丝路（天津）实业有限公司投资建设的玻璃制造与深加工项目，2018年5月一期投产。另外，随着基础建设铺开，瓷砖、水泥等建材成为中国企业投资的热点。

乌方对产能合作方面的诉求是，开展电子、纺织、建材、轻工、食品加工、石化、制药、可再生能源、玻璃、陶瓷等领域的合作。上述大部分领域都是中方的强项，合作的空间广阔。对中国“走出去”的企业来说，乌兹别克斯坦社会稳定，生产资料相对便宜，电力供应充足，是投资兴业的理想之地。中方的不少跨国企业多将地区性总部设在乌兹别克斯坦，也足

2017年6月2日，米尔济约耶夫总统考察安集延州的农业科研基地。

见对该市场的青睐。据乌国家统计委员会数据，截至2019年1月末，中资企业共有1149家，较2018年1月增加307家。仅次于俄罗斯（1467家），排名第二。

3. 农业合作——两个人口大国之间的天然交汇点。

乌兹别克斯坦是中亚的人口大国，对于面积只有44万平方公里，且有大片沙漠的乌兹别克斯坦来说，如何以有限的土地养活3300多万人口是个艰巨的任务。米尔济约耶夫长期担任总理，主抓农业，对“三农”问题的重要性认识非常深刻。在发展农业方面，2015年1月制订了《2015—2019年农业发展规划》。2017年2月制订的《乌兹别克斯坦五大优先方向行动战略（2017—2021年）》也把农业作为一个专项加以阐述。由于乌兹别克斯坦水资源相对匮乏，乌农业领域确定的主要方向有四：一是减少耗水大的棉花、谷物种植，低产区改种水果、蔬菜，发展园艺或葡萄种植。二是发展新型农业，提高农产品深加工能力，引进现代技术设备，形成农业生产、加工、包装、存储和销售一条龙。三是进一步改良水浇地，发展灌溉项目，充分合理利用水资源，继续建设和修复水利设施，推广滴灌技术，形成节水农业。四是加强农业科研，培育优质种子和动物品种，提高产量；培育耐盐碱、耐旱等适合当地自然条件的品种。2019年2月，乌总统米尔济约耶夫签署《2019年度实施“美丽乡村”国家发展规划补充措施》总统令，继续加大对农村基础设施的投入，改善农村居民的生活环境。

2017年6月10日，米尔济约耶夫总统考察撒马尔罕州的农场。

同样，中国作为人口大国和农业大国，在上述领域积累了一定的经验。目前，中国是乌棉花的最大买家，也是土壤改良设备的最大供应方。但乌兹别克斯坦棉花的种植面积正不断减少，而随着乌本国纺织业的快速发展，棉花出口会不断下降。现在乌国内用棉已经占到产量的70%。米尔济约耶夫表示，到2020年，因国内棉纺织业的需要，乌将停止棉花出口。2017年12月，米尔济约耶夫签署《加快纺织和针织工业发展措施》总统令，加快向纺织大国转型。乌兹别克斯坦在农机、农作物种子、滴灌、土壤改良、农产品仓储、农业园艺等方面有很强的合作诉求，也是农业发展的主要方向。而中国在上述领域有一定的技术优势。中方企业也开始积极参与乌兹别克斯坦的农业项目。如，2014年2月，中国技术进出口总公司（CNTIC）和日本Kubota Corp公司合作完成了乌兹别克斯坦南部水利灌溉系统改造项目。随着“一带一路”建设的推进，中国企业投资乌农业的项目增多。2018年5月，河南万邦国际集团在布哈拉农业综合示范项目签约，项目占地100平方公里，配套物流中心和农产品加工厂，拟投资金额达5亿美元，计划每年对华出口10万吨绿豆。2018年，以樱桃、绿豆为代表的乌农产品首次进入中国市场，受到中国消费者欢迎。

4. 旅游——前景无限广阔的“跨界”合作。

乌兹别克斯坦是中亚地区旅游资源最为丰富的国家。全国有4000多处历史、宗教、建筑古迹。据乌方统计，2018年乌吸引外国游客数量同比增长一倍多，达到530万人次。与首任总统不同，米尔济约耶夫对旅游业格外重视。2016年12月2日，米尔济约耶夫在担任代总统时，签署《关于采取措施保障旅游业

2018年11月29日，米尔济约耶夫总统考察纳曼干州的纺织企业。

加速发展的总统令》，要求对旅游业进行全面改革，其中对中国团体，年满55岁以旅游为目的入境乌兹别克斯坦不超过30天的，可以免签。这在以前是不可想象的。但对于开放国门、引入游客，乌国内有不同的声音。不少专家认为，乌旅游基础设施较差，接待不了蜂拥而至的游客，同时担心外国游客会带来安全问题。由于刚刚执政，米尔济约耶夫被迫宣布暂缓执行上述总统令。但米尔济约耶夫发展旅游业决心很大，2017年连续发布了《促进乌兹别克斯坦旅游业加速发展措施实施纲要》《2017—2021年乌兹别克斯坦旅游业发展规划》《关于2017—2021年综合发展希瓦和花剌子模州旅游资源纲要》等文件，要求自2018年1月1日起，简化部分国家公民赴乌签证和在乌居留注册的手续，做好旅游产品设计、宣介等工作。乌还向中亚国家发出倡议，希望中亚国家签署政府间协议，共同开发旅游线路，提供有吸引力的旅游产品。另外，米尔济约耶夫签署总统令，成立了三个旅游区，分别是布哈拉、撒马尔罕旅游区和查瓦克休闲度假旅游区。

在签证政策方面不断放宽。2018年2月，乌单方面给予韩国、日本、以色列、印度尼西亚、马来西亚、新加坡、土耳其等7国公民赴乌旅游30天免签待遇，赴乌免签证旅游的国家达到18个。简化中国、美国等50国公民赴乌旅游签证办理手续，并向101个国家推出电子签证。2019年1月，乌总统签署《关于加快发展旅游业补充措施》，自2019年2月1日起，对45个国家的公民提供30天免签证制度。对哈萨克斯坦提出的“丝路签证”，乌兹别克斯坦率先响应，2018年11月，乌哈签署“丝绸之路国家签证互认协议”，允许访哈游客无障碍入境乌兹别克斯坦，反之亦然。2018年12月，乌国家旅游发展委员会代理主席卡西姆霍贾耶夫表示，哈乌两国参加的“丝路签证”将于2019年正式启动。

中国是世界最大的旅游出境大国。2018年全年中国出境游旅客达到1.4亿人次，比2017年1.29亿人次多出1100万，同比增幅达到13.5%。但目前中国赴乌的游客数量有限，乌境外游客以俄罗斯及周边国家为主。这方面中乌合作的空间极为广泛。中国旅行社和网络平台应积极谋划，为未来的合作进行规划。应参考中俄旅游年，从互办旅游年开始，着手签署新的旅游合作协定。

5. 合作的道路越走越宽。

2016年4月，中国新疆农业大学和乌兹别克斯坦塔什干国立经济大学共同创办的中国—乌兹别克斯坦教育与科学研究中

2018年4月6日，米尔济约耶夫总统在塔什干考察乌兹别克斯坦科学院植物化学研究所。

心。2017年7月，两国签署《关于建立棉花研究联合实验室意向的备忘录》，中国农科院与乌合作建立联合实验室，形成了全套栽培棉种质资源材料引进方案。2018年11月23日，中国科学院中亚药物研发中心在乌兹别克斯坦首都塔什干落成，在建设过程中就联合培养了近百名医疗领域专才。中乌"一带一路"框架下的合作开始从基础设施、产能合作向高新技术领域拓展。

四、中乌在"一带一路"框架下的合作前景展望

2017年，中国首次超过俄罗斯成为乌最大贸易伙伴。据乌统计部门数据，2017年乌外贸额269.62亿美元，同比增长11.3%，其中，中乌贸易额49.61亿美元，占乌外贸总额的

18.4%，是乌兹别克斯坦第一大贸易伙伴。其次为俄罗斯，48.81亿美元，占比18.1%。[①] 2018年，两国经贸合作保持上升势头，双边贸易额达64.28亿美元，同比增长35.2%，占乌外贸总额的19%，[②] 中国是乌第一大贸易伙伴国，是乌第一大出口目的地国和第一大进口来源国。双边经贸关系的变化印证了“一带一路”的合作成果。

相较周边邻国，乌兹别克斯坦有几大优势条件：其一，乌兹别克斯坦是中亚的人口大国，居民受教育程度较高，发展潜力最大。其二，米尔济约耶夫执政以来，启动全面改革，集中力量搞经济建设，各种引资政策和优惠措施不断出台，营商环境大幅改善。根据世行《营商环境报告》，2014年乌在全球189个经济体中排名146位，2018年升至74位。其三，社会治安状况较好，民风比较淳朴，针对中国公民的恶性案件极少发生。自2005年安集延事件后，乌再未发生恐怖活动。与部分中亚国家不同，乌兹别克斯坦的媒体对中国及中乌合作都报道客观，挑拨抹黑“一带一路”没有市场。乌政治社会稳定，经济持续高速发展，营商环境不断改善，这一趋势将会长期保持，为中乌进一步深化合作提供了更好的条件。“一带一路”倡议提出五年多来，在乌兹别克斯坦的合作项目稳步推进，并带来看得见、摸得着的成果，乌从精英到民众都乐见中乌进一步深化合作。

① “2017年乌中贸易额占乌外贸比重的18.4%”，发改委网站，www.ndrc.gov.cn/fzgggz/wzly/jwtz/jwtzzl/201801/t20180131_875992.html，登录时间：2018年1月31日。

② “2018年乌中贸易额64.28亿美元”，中国驻乌兹别克斯坦大使馆商参处网站，http://uz.mofcom.gov.cn/article/jmxw/201901/20190102829465.shtml，登录时间：2019年3月1日。

中乌传统友谊源远流长

【摘要】我国与中亚自古以来通过丝绸之路就有联系和交流。古代乌兹别克斯坦地区与我国的联系更加密切，在我国古代史书上对费尔干纳、布哈拉、撒马尔罕、塔什干、浩罕等地的风土人情都有记载。我国从张骞开始，有各种使者前往这一地区，他们带去了中国的丝绸、茶叶、瓷器、中国文化和中国人民的友谊，他们同时带回了这一地区的各种特产、民族文化和对中国人民的友谊。在漫长的历史发展过程中，中国人民也热情接待过数不清的中亚来访的各族友好使者。这就是我们共同经历过的历史！乌兹别克斯坦宣布独立以来，我国和这一地区的来往更加频繁，在政治、经济、文化、社会发展诸方面的合作已取得丰富的成果，赢得两国人民的称赞。自米尔济约耶夫当选总统以来，乌兹别克斯坦各方面蓬勃发展，呈现出一派欣欣向荣的新气象。我们深信，乌兹别克斯坦和中国在共同落实“一带一路”的宏伟倡议中定会创造美好的未来，两国人民之间的传统友谊也会日益加强！

【关键词】丝绸之路　传统友谊　美好未来

【作者】胡振华，中央民族大学教授、博士生导师。

笔者是回族，今年已经88岁，小时候就听家里的老人家们说过“西域”这一地名，但并不太了解它的含义。后来上了中学、大学，学过阿拉伯语、俄语、维吾尔语，毕业后当了老师，又跟苏联突厥语言学家埃·捷尼舍夫（E. TENESHEV）进修，学了乌兹别克语，开始了解了乌兹别克族与乌兹别克斯坦，也了解了“西域”一词的含义，知道了乌兹别克斯坦是“西域”中的一个重要地区！

一、从汉代起我国就和大宛一带建立了友好的联系

我国历史上讲的西域有狭义、广义之分，其中广义的西域包括中亚地区。我国也有学者把西域分为东、西两部分，认为西域的西部地区包括中亚，东部地区包括新疆。我国早在西汉时期就与西域有了往来。众所周知，为了保障中西交通要道的畅通，更好地开展经济、文化交流，增进我国内地各族人民与西域各族人民的友谊，西汉王朝曾派张骞于建元三年（公元前138年）率百人出使西域，希望联合西域各族人民共同反对匈奴的骚扰，后又于元狩三年（公元前119年）再次派张骞率三百多人出使西域。张骞的两次出使西域，不仅带回了有关中亚各地政治、经济、文化方面的信息，也促进了西汉王朝与中亚地区的政治往来与经济、文化交流，为“丝绸之路”的开辟做出了贡献。司马迁《史记》中的“大宛列传”就是根据张骞所带回来的资料撰写的。“大宛”就是涵盖乌兹别克斯坦部分领土的费尔干纳地区！也这就是说，自汉代起中国已经与古代的乌兹别克斯坦地区建立了联系。

从汉到唐，通过丝绸之路，我国把茶、瓷器、丝绸等物品和造纸等技术以及丰富多彩的中国传统文化输送到了西域，并通过西域传到了西方。同样，我国中原地区，也从西域传进了葡萄、胡桃、菠菜、胡萝卜、胡椒、无花果、西瓜、石榴、苜蓿等水果和蔬菜，以及硼砂、琥珀、钻石、翡翠等矿产品，从西域传进了良种马及其他珍奇动物。在宗教和文化方面，除了传进了佛教、景教、摩尼教、伊斯兰教外，还传进了西域各民族的乐曲、乐器、舞蹈、杂技等，这对丰富后来形成的多元的中华民族文化起了很大的作用。

宋朝时期，中原与西域的经济、文化交流仍在进行。到了元代，蒙古帝国的版图非常辽阔，西域东、西部的地区多受辖于察合台汗国。花剌子模、布哈拉、撒马尔罕、费尔干纳等地与我国中原地区的交流非常频繁。这一时期里，被蒙古征服的中亚操伊朗语族语言和操突厥语族语言的各族人民中，有不少人被派到我国中原各地开荒、屯田，也有的被派来当工匠、炮手或工程技术人员和天文学专家，也有少数人在中原任政府里的大官。这些来自花剌子模、布哈拉、撒马尔罕等地的各族人在中国定居下来，并逐渐习惯了汉语为他们这一族群的共同语言。到了元末明初，他们在中国形成了新的民族——回族、东乡族、保安族。从这里我们可以看出，在历史上古代乌兹别克斯坦的各族人民与我国各族人民是有着多么亲近的关系。我国也向花剌子模、布哈拉、撒马尔罕等地或通过这些地区传播了印刷术、火药、指南针及农业和水利方面的经验，彼此之间进行的交流是空前广泛的。

明朝政府多通过东察合台汗国与西域各地保持联系，相互的交流始终没有停止过。明代设立的“四夷馆”中的“回回馆”，就是专门负责接待来自西域各地信仰伊斯兰教国家、地区客人的机构。我们从以下这件来自撒马尔罕的奏折中可看出当时交流的情况：

撒马尔罕使臣阿力
大明皇帝前进贡驮二箱玉石
五十斤求讨各色缎子热药
望乞
恩赐奏得
圣旨知道

到了清朝，在康乾盛世时期，我国与中亚各族人民的往来更是频繁。浩罕汗国的商人经常来我国喀什等地，我国商人也经常去中亚经商。

纵观历史，从有“丝绸之路”时起，中国内地与中亚乌兹别克斯坦各族人民就建立起了友好的交流联系。

二、回顾历史上乌兹别克斯坦与我国文化交流的部分情况

中国自古以来就是一个统一的多民族国家，中华民族的文化是多元的，它在历史的发展过程中不断与外来文化交流、交融，并从中吸收精华来丰富自己。中亚乌兹别克斯坦文化与中华民族的多元文化在长期的交流、交融中对中国也有过影响，

表现在对中国伊斯兰文化的影响方面比较明显，但随着伊斯兰教的中国化，已成为丰富中华民族多元文化的组成部分了。

例如在中国用汉文翻译出版的《布哈里圣训》。中国穆斯林所学习和遵循的《圣训》（Hadis），就是根据810年出生于布哈拉，870年归真于撒马尔罕的一位著名的依麻目（Imam）Muhammed Ibn Ismayil Ibn Ibrahim Buqari 辑录编成的《布哈里圣训实录》这一典籍。中国穆斯林在宗教学校里学习的课程中有一门叫作《认主学》（A l-akhaid），其作者也是出生于布哈拉的著名宗教学家 Najim-Din Umar Hafs Nasefi（1068—1142年）。还有一门课程叫作《维卡亚教法经解》（Sharh al-Wiqayah），其作者也是出生于布哈拉的著名法学家 Sadr al-Shariat al-Ubaydullah（?—1346年）。这些经书都有汉文译本，可供各族研究宗教学的学者参用。这些汉文典籍丰富了中华民族的古籍。

中国古老的四大著名清真寺中的浙江省杭州市“凤凰寺”就是由来自中亚的著名伊斯兰教大师 Ala al-Din（?—1313年）修建的。996年在北京修建的“牛街礼拜寺”的后院里有两座古墓，其中一个是来自布哈拉名叫 Ali 的依麻目，他于1283年去世，生前是来传教的。现在这座古墓是非常有学术价值的研究伊斯兰教传入北京的重要历史文物。

福建省泉州市清净寺（A shab Masjid）里有一墓碑，高54cm，宽39cm，厚12cm，碑上有6行阿拉伯文和波斯文，写明亡人是花剌子模人 M uhmmed Shah Ibn-Shah Horezmi，于1271年4月7日去世。在中国泉州、扬州、广州等地有许多古墓，其中不少是来自中亚的穆斯林的坟墓，包括来自乌兹别克斯坦的穆斯林坟墓。这些人们的后裔都成为中国回族的组成部分。这些碑铭也成了研究中华民族多元文化的珍品！

中国的穆斯林中有一些宗教职业者“阿訇”（Ahun）和“依麻目”（Imam），历史上曾到麦加或布哈拉宗教学院（Medrese）学习，他们回到中国后也学着办经堂教育，在清真寺中开设宗教学堂培养年轻人。宗教学家胡登洲（1522—1597年）是中国伊斯兰教经堂教育的创始人。中国伊斯兰教经堂教育也是受了布哈拉经堂教育的影响。

明代编的《回回馆译语》，其中有汉语与波斯语—塔吉克语分类对照词汇——《回回馆杂字》和来自撒马尔罕、布哈拉一带写给明朝皇帝的奏折部分——《回回馆来文》。这一珍贵文献充分证明了历史上的乌兹别克斯坦与中国的密切关系。

在交流、交往、交融的过程中乌兹别克斯坦文化不仅对中国伊斯兰文化的发展有过影响，而且在文化科学方面对中华民族文化也有过多方面（包括天文学、数学、地理学、医学等）的影响。历史上，古代乌兹别克斯坦曾涌现出不少著名的科学家，他们的成就丰富了伊斯兰文化，也丰富了中华民族文化和全人类的文化宝库。

出生于花剌子模的著名大师Ab -Rahani Muhammed Ibn Ehmed Biruni（973—1048年）和出生于布哈拉的著名大师Ibn Sina（980—1037年），他们虽然没有到过中国，但是他们的学术思想与著作对中国却产生过不小的影响。例如，Ibn Sina的《医典》传到中国经过翻译注释，并参考中国的中医经验，加以补充编排后，编成了中国回族古代医学典籍——《回回药方》一书，原为36卷，现仅存4卷，藏于中国北京国家图书馆。

从12—13世纪，中国曾邀请过许多乌兹别克斯坦学者到中国内地工作。其中，天文学家Jamal al-Din Ibn Muhammad al-Najjari等人于1263年来中国，帮助编纂历法，制造天文仪器，设立天文台。1369年撒马尔罕人伍儒（Wu lu）应邀来中国，在南京修建了天文台，他的后几代人也留在中国内地从事天文工作。他们的后裔发展成南京市回族的一户大姓人家，他们伍姓的家谱上写着其祖辈是来自撒马尔罕。

来自中亚的建筑家Yehdil al-Din于1267年奉蒙古皇帝忽必烈之命设计修建元中都城（北京）。1271年改国号为“大元”，1272年改中都为大都，1974年北京城的宫殿和宫城完工。

东来中国内地的人群中也有少数人在中国政府中当了大官。例如布哈拉人赛典赤（Al-Sayid Shams al-Din Umar，1211—1279年）曾当过云南的省长（平章政事），由于他在当地为各族人民兴修水利，开办学校，维护民族团结，使群众的生活得到改善，受到人民的爱戴。他逝世后，人民为他修建了陵墓，并在昆明市中心为他修建了纪念牌坊。云南省玉溪市通海县纳古镇是个回族聚居的乡镇，宁夏回族自治区永宁县纳家户村也是回族聚居村，这里住的都是赛典赤的后代。

三、乌兹别克斯坦独立以来笔者所经历的部分中乌友好交流活动

历史上乌兹别克斯坦各族人民与中国各族人民交流频繁，乌兹别克斯坦宣布独立以来与中国的关系更是密切，这种密切的友好关系为共建新丝绸之路奠定了基础。

1992年，我国与新独立的乌兹别克斯坦共和国建立了外交

关系。笔者和夫人穆淑惠应邀于1992年春访问了乌兹别克斯坦，当时我国驻乌兹别克斯坦共和国大使馆正在筹建。我们访问了科学院的一些研究所，参观了不少名胜古迹，受到了各方面的热情接待，给笔者留下了非常美好的印象。笔者回到北京的学校——中央民族大学后给师生作了讲座，介绍乌兹别克斯坦，并建议在外国语学院成立中亚语言系，开设乌兹别克语专业，培养学习乌兹别克语的人才。笔者还向北京市民族事务委员会建议组团出访乌兹别克斯坦。同年夏天，笔者作为北京市民族工作者代表团的顾问与北京市民族事务委员会一起组织代表团再次访问了乌兹别克斯坦。这次，我们受到乌兹别克斯坦民族代表大会领导的热情接待，与乌兹别克斯坦各民族文化协会进行了交流，深入地了解了乌兹别克斯坦的民族情况和民族政策。我们还参观了塔什干、撒马尔罕、布哈拉等地的不少古建筑、博物馆、百货商店和农贸市场，较全面地了解乌兹别克斯坦的民族历史和现状。这次的访问我们受益匪浅。

其后，笔者又不止一次地应邀到过乌兹别克斯坦访问和出席国际研讨会，也结识了不少乌兹别克斯坦的学者和外交官朋友。2004年6月，乌兹别克斯坦著名历史学家阿布拉特·霍加耶夫为撰写《丝绸之路》一书来我国访问期间，与笔者进行了长时间的交流，笔者还陪同他专门到我国著名阿拉伯学家、赛典赤的后裔纳忠教授家进行了采访。笔者和纳忠先生向他介绍了我国各族人民历史上与乌兹别克斯坦各族人民之间的联系，这些资料都被他采纳到他后来出版的《丝绸之路》（乌兹别克文）一书中。他回到乌兹别克斯坦后向乌兹别克斯坦各族人民介绍了这些情况。2005年9月27日，笔者和云南大学姚继德教授陪同乌兹别克斯坦代表团到玉溪市通海县纳古镇参观。云南省玉溪市李树福副市长会见了来访的乌兹别克斯坦代表团，介绍了玉溪市及纳古镇的经济社会发展情况。我们陪同代表团一行参观了中国最大的清真寺——纳家营清真寺。代表团团长尤苏波夫感动地说："在中国云南省历史上，曾有一个著名的政治家——云南首任平章政事赛典赤·赡思丁，他出生于乌兹别克斯坦的著名城市布哈拉，我们为他和他的子孙对中国的发展做出了很大的贡献而感到自豪与亲切。今天，我们到纳古镇来，看到赛典赤的后裔们日子过得很富裕，心中非常高兴。我们愿意加强双方在文化、经贸、旅旅游等方面的合作与交流。"

2007年8月，中国派代表出席了撒马尔罕建城2750周年庆祝活动和"东方韵律"国际音乐节。同年8月，在塔什干和撒马尔罕举行了"乌兹别克斯坦在发展伊斯兰文明中的贡献"国际研讨会，笔者和中国学者海淑英应邀出席了研讨会。2009年8月，中国再次派团赴撒马尔罕出席"东方韵律"国际音乐节。2008年4月和2010年5月，中国中亚友好协会会长张德广率艺术家代表团先后两次在乌兹别克斯坦进行文化艺术交流活动。2011年7月，在北京再次举办了"乌兹别克斯坦文化日"活动。

近些年来，中国与乌兹别克斯坦两国之间的交流更加频繁，加深了彼此之间的友谊。笔者在北京经常出席中国中亚友好协会欢迎乌兹别克斯坦友好访华团及乌兹别克斯坦共和国驻华大使馆组织的各种节庆及研讨活动。乌兹别克斯坦驻华大使馆在北京举办的旅游推介活动还请笔者向旅行社的领导及要去乌兹别克斯坦旅游的中国游客们介绍乌兹别克斯坦的名胜古迹及风土人情。

现在乌兹别克斯坦的不少城市和州与中国的一些省或市已经缔结了友好交流协议。2018年，乌兹别克斯坦布哈拉又与我国河南省洛阳市缔结了友好协议，笔者和乌兹别克斯坦驻华大使陪同布哈拉州州长带领的代表团在北京参观了牛街礼拜寺。布哈拉州州长还向笔者赠送了精致的民族长袍，勉励笔者为中乌民间友好多做奉献。

四、中乌传统友谊定会地久天长

乌兹别克斯坦是一个历史悠久、物产丰富、文化多彩、名胜古迹众多、热情好客的国家，人口达3300多万。早在苏联时期它就是中亚的重要地区。

乌兹别克斯坦独立后，在首任总统伊·卡里莫夫的领导下反对宗教极端主义，保持了国家的稳定，克服了建国初期的种种困难，发展了经济，改善了人民的生活。卡里莫夫逝世后，乌兹别克斯坦各族人民选举了沙·米尔济约耶夫为第二任总统。米尔济约耶夫当过州长多年，又当过总理十四年，有着丰富的治国经验，深受广大人民群众的信任和爱戴。

米尔济约耶夫就任总统以来根据国内外形势的发展，因势利导地进行了改革。他首先撤换一批不称职、不作为的官员，大力提拔有为的中青年人才。在经济方面实行开放的政策，在抓好农业的同时，积极吸引外商前去投资，较快地发展了生产，增加了工作人员和工农劳动者的收入。在外交方面，他采取平衡的对外政策，先后出访了俄罗斯、中国和美国，并首先妥善处理了与周边国家的关系，解决了过去遗留的问题。在司法方面也与时俱进地制定了一些新的法律，使人民更加受到法律的保护。一个迅速发展的乌兹别克斯坦已经展现在中亚大地上，人们都会相信乌兹别克斯坦的明天将会更加美好！

米尔济约耶夫总统在就任总统以来的不长时间内，已经多次与习近平主席见面、会谈，两国签订了一系列合作文件。2019年4月在北京举行了第二届“一带一路”国际合作高峰论坛，米尔济约耶夫总统再次莅会。我们深信，中华人民共和国和乌兹别克斯坦共和国之间的友谊，定会在历史悠久的传统友谊基础上地久天长！

乌兹别克斯坦的
新政策、新发展、新成绩

【摘要】2016年9月米尔济约耶夫成为乌兹别克斯坦第二任总统，经过两年多的努力，一方面继承乌兹别克斯坦的主要发展原则、目标和任务；另一方面在各领域进行了大刀阔斧的改革。米尔济约耶夫总统的治国理政理念得到民众的广泛支持，执政基础得以稳固；乌兹别克斯坦开启了改革进取的新时代，国家发生了巨大变化。在米尔济约耶夫总统积极倡导和推动下，近年中亚国家间关系发生了很多新的变化，合作谋发展的趋势明显。乌兹别克斯坦在国际上的影响力显著提升。

【关键词】乌兹别克斯坦　新政策　新发展　新成就

【作者】孙力，中国社会科学院俄罗斯东欧中亚研究所副所长。

2016年9月，米尔济约耶夫成为乌兹别克斯坦代理总统，同年12月，当选乌兹别克斯坦第二任总统。继任后，米尔济约耶夫推动了一系列政治改革，其目的是获得国内广大民众的支持，维护国家的政治稳定。经过一年多的努力，乌兹别克斯坦完成了政权过渡，开启了米尔济约耶夫时代。

一、治国理政理念得到民众广泛支持

乌兹别克斯坦总统米尔济约耶夫治国理政经验丰富，在卡里莫夫总统执政时期任乌总理13年多，对本国国情和存在的一些问题有深刻认识。就任总统后，米尔济约耶夫采取了一系列改革举措，国家治理有了一定改善，得到了大多数民众的认同，执政基础得以不断稳固。2017年2月8日，米尔济约耶夫总统签署了《乌兹别克斯坦五大优先方向行动战略（2017—2021年）》，[①] 包括：完善国家和社会体系建设、改革司法体系、发展自由经济、提升社会福利和保障国家安全、民族和谐和宗教宽容，推行互利和建设性的外交政策。其中创造良好的政治生态、为落实国家发展战略进行人事调整、稳固政权基础是重要内容。

一是开放与对话相结合。对外，允许国际组织访问乌兹别克斯坦，营造良好的外部环境；对内，广开言路，设立“与人民对话和人民利益年”，政府采取一系列措施与人民开展对话，

① Указ Президента Республики Узбекистан，http://www.uza.uz/ru/documents/o-strategii-deystviy-po- dalneyshemu-razvitiyu-respubliki-uzb-08-02-2017?sphrase_id=3126796，登录时间：2019年3月29日。

倾听民众诉求，解决民众关心的主要问题，保障民众利益。2016年9月底，时任乌兹别克斯坦代总统的米尔济约耶夫在乌政府网站上开设了总理留言板并公布热线电话，以听取民意，解决民众关心的主要问题。当选总统后，米尔济约耶夫在其“脸书”个人主页上宣布，鉴于总理留言板和热线受到广泛好评，将继续留用并改版为总统留言板和热线，同时命令乌所有部委、国有银行、企业和院校开设相关栏目，听取民众意见。有数百万人在总统网站接待室反映情况，95%的申请得到了答复。

二是改组政府，理顺关系。2017年6月12日，米尔济约耶夫总统签署命令，改组政府内阁机构设置，副总理职位由七个削减为六个，对六位副总理分管内容进行了调整：撤销主管宏观经济发展、结构改革和吸引外国投资事务的副总理职位；撤销主管生态、环境保护、文化和体育事务的副总理职位；撤销主管出口潜力发展、机械制造业、汽车工业、电气工业、产品标准化事务并兼任乌国家汽车工业公司董事长的副总理职位。与此同时，设立主管经济发展、结构改革、投资、银行和金融系统改革、协调自由经济特区和小型工业特区经营事务的副总理职位；设立主管对外经济活动、出口潜力发展、机械制造业、汽车工业、电气工业、产品标准化事务并兼任乌国家汽车工业公司董事长的副总理职位。撤销乌政府内阁下属的宏观经济发展、结构改革和吸引外国投资问题综合信息分析局，教育和科学问题信息分析局，青年政策、文化、信息系统和通讯问题信息分析局，国土和经济领域出口潜力发展问题信息分析局及法律鉴定和国际条约局。与此同时，设立教育、科学和青年政策问题信息分析局，文化、信息系统和通讯问题信息分析局，经济发展、结构改革、银行和金融系统改革、协调自由经济特区和小型工业特区经营问题综合信息分析局，投资计划编制和实施监控、吸引外国投资问题信息分析局，对外经济活动、国土和经济领域出口潜力发展问题信息分析局及法律鉴定、国际条约和发展对外联系局。总理阿利波夫主管教育、科学和青年政策问题信息分析局，文化、信息系统和通讯问题信息分析局及卫生、生态、环境保护、文化和体育问题信息分析局。

三是进行了合理的人事调整。两年来，米尔济约耶夫对政府官员进行了大范围调整。强力部门是乌兹别克斯坦政治稳定的重要支撑。2017年9月4日，米尔济约耶夫总统签署命令，任命巴巴江诺夫为内务部长，同年1月4日履新内务部长的阿基莫夫改任国防部长。2017年11月20日，米尔济约耶夫总统签署命令建立国防工业国家委员会，这一新机构旨在保障军用物资供应，包括武器、军事技术、食品等。同年11月29日，米尔济约耶夫签署命令，称乌内务部机关领导人将每三年更换一次，调换至相同级别岗位。米尔济约耶夫执政一年里任命了五批干部，个别调整了数名干部，有的岗位两次易人，如内务部长、卫生部长、教育部长等，更换了三分之二的州长。仅2017年乌政府共实施税务、教育与医疗、旅游、贸易、交通、商务、政务职责近50项新政。[①]

① Новый Узбекистан: 49 важных изменений. ИНФОГРАФИ，2018.1.12, http://www.ca-portal.ru/article:40159，登录时间：2019年3月25日。

二、推动地区国家关系改善 得到国际社会高度赞扬

在米尔济约耶夫总统积极倡导和推动下，近年中亚国家间关系发生了很多新的变化，合作谋发展的趋势明显。主要表现在以下几方面：

一是高层互访推动国家间关系发展。米尔济约耶夫总统上任后于2017年3月访问了哈萨克斯坦，与哈总统纳扎尔巴耶夫就两国战略伙伴关系的发展、双边经贸和投资合作、地区安全形势、跨境水资源分配等问题交换了意见，两国签署了《关于进一步深化两国战略合作伙伴关系及加强邻邦友好关系的联合宣言》、2017—2019年经济合作战略、两国地区间合作协议、两国国防部军事合作协议等七份合作文件。

2017年米尔济约耶夫总统两次访问土库曼斯坦。3月6—7日，米尔济约耶夫对土库曼斯坦进行首次国事访问，两国元首举行会谈并签署了一系列合作文件，包括战略合作协议、2018—2020年经济合作协议、铁路合作备忘录、2017—2019年文化合作政府间计划。[①] 5月19—20日，米尔济约耶夫总统再次对土库曼斯坦进行工作访问，两国元首在里海之滨旅游胜地阿瓦扎举行会晤并签署了一系列政府间协议。

2017年10月5—6日，吉尔吉斯斯坦总统阿塔姆巴耶夫对乌兹别克斯坦进行国事访问。两国总统签署了《吉乌睦邻友好互信战略

---

① Президенты Туркменистана и Узбекистана провели переговоры в Ашхабаде, http://www.turkmenistan.ru/ru/articles/42426.html，登录时间：2019年3月26日。

伙伴关系宣言》，以及经贸、安全等领域12份合作文件，两国领导人称《宣言》的签署是两国关系“史无前例的重要历史进程”。

二是积极协商解决困扰双边关系的边界、水资源等地区难题。2017年4月18日，土库曼斯坦总统别尔德穆哈梅多夫和哈萨克斯坦总统纳扎尔巴耶夫签署了两国划界协议，成为中亚地区中最先完成划界的国家。同年5月25日，吉尔吉斯斯坦副总理拉扎科夫表示，在与乌兹别克斯坦1379公里的边境争议地段中，有1054公里两国已经达成一致；与塔吉克斯坦有争议边境线的970公里中有510公里已经达成一致。2017年6月初，乌兹别克斯坦和塔吉克斯坦勘界划界工作组在杜尚别签署划界备忘录。乌塔边界线长1332.9公里，其中陆路边界线1228公里，界河105公里。两国边界线有60公里存在争议，最大争议点是锡尔河法尔哈水电站和水库。[①] 米尔济约耶夫总统对划界工作态度积极。9月5日，吉乌两国总统签署了划界文件，至此两国有争议的边界已划定了85%。两国总统表示要共同修建卡姆巴拉金水电站。[②]

三是进一步提升地区国家间经贸合作。2017年3月底，米尔济约耶夫访哈其间，在哈首都阿斯塔纳举行了两国商业论坛，两国企业达成了总额达10亿美元的合作。同年4月19日，第一届乌兹别克斯坦和塔吉克斯坦商务论坛在杜尚别举行。两国企业家主要的议题是深化双边经贸合作。论坛召开的同时，在杜

① Таджикистан и Узбекистан подписали протокол о делимитации спорных участков общей госграницы，02.06.2017，http://www.fergananews.com/news/26470，登录时间：2019年4月1日。

② Атамбаев: Президенты Казахстана и Узбекистана согласны на возведение в Кыргызстане Камбаратинской ГЭС，26.06.2017，http://www.fergananews.com/news/26557，登录时间：2019年4月1日。

尚别还举行了乌兹别克斯坦工业产品商品交易会，有160家乌兹别克斯坦企业参加商品交易会，展出了1500多种来自乌兹别克斯坦的各类商品。2017年10月18日，吉尔吉斯斯坦总理伊萨科夫访问哈萨克斯坦，与哈总理萨金塔耶夫讨论了有关边境、运输、动植物检验检疫、海关和关税行政管理等问题，双方决定建立第一副总理级工作组。

最引人关注的是2018年3月15日在哈萨克斯坦首都阿斯塔纳举行的中亚国家领导人非正式会晤。五国领导人表示，进一步推动区域一体化建设，落实大型的互联互通、基础设施、油气能源等领域项目，把中亚建设成为一个安全稳定、经济繁荣、可持续发展、团结友好的和谐地区。哈萨克斯坦总统纳扎尔巴耶夫对这次会晤做了四点评价：一是有利于整合地区国家潜力；二是有利于提高地区贸易和互补性经济；三是有利于巩固地区安全；四是有利于增进有着紧密的历史、种族和文化联系的人民之间的友谊。[①]本次会晤的另外一个意义在于：会晤商定2019年中亚国家领导人将在乌兹别克斯坦首都塔什干再次会晤，中亚国家领导人非正式会晤有可能成为定期会晤机制。独立以来，地区国家间积累了很多问题，还存在很多悬而未决的事情。时隔13年的中亚国家领导人非正式会晤，为这些难题的最终解决带来了希望。2018年7月22—23日，中亚国家外长在吉尔吉斯斯坦乔蓬阿塔举行会议，主要是落实中亚国家元首3月15日会晤达成的共识。外长们讨论了地区合作现状和发展前景，以

① Наурыз и встреча десятилетия - о чем говорили президенты стран Центральной Азии в Астане www.inform.kz/ru/nauryz-i-vstrecha-desyatiletiya-o-chem-govorili-prezidenty-stran-central-noy-azii-v-astane_a3185881，登录时间：2019年4月5日。

2018年3月15日，米尔济约耶夫总统在阿斯塔纳参加中亚国家领导人非正式会晤期间，与哈萨克斯坦总统纳扎尔巴耶夫会晤。

及安全、边界、跨境运输、利用水资源、经贸和人文合作等问题。随着双边关系互动，中亚国家间经贸合作进一步提升，边界问题取得新进展，人文交流更加紧密。3月15日，乌兹别克斯坦总统米尔济约耶夫与哈萨克斯坦总统纳扎尔巴耶夫会晤时指出，乌哈两国一年内通过铁路运输的贸易就增长了44%，这在以往是不可想象的。吉尔吉斯斯坦和乌兹别克斯坦在边界谈判进程中，提出了解决苏联历史遗留的飞地问题方案，即土地互换。如果飞地问题能够妥善解决，将是中亚国家划界问题的重大进展。在人文交流领域，哈萨克斯坦总统大女儿、上院议员达丽嘉·纳扎尔巴耶娃提出了设立“中亚申根签证”的倡议。

三、锐意改革取得可喜成效

在米尔济约耶夫总统的领导下，乌兹别克斯坦开启了改革进取的新时代，国家发生了巨大的变化。

一是营商环境的改善。乌兹别克斯坦中亚新闻网2017年11月11日援引世界银行官方网站消息称，世界银行集团下属专家委员会发布年度报告《营商环境—2018：为确保就业而推进的改革》，指出近年来中亚国家持续改善投资经营环境，促进经济发展，创造就业岗位，实现就业率稳步增长。2017年哈萨克斯坦、吉尔吉斯斯坦、塔吉克斯坦、乌兹别克斯坦在社会经济10个领域共计实施了11次改革，改善了本国投资经营环境，得到了国际社会的普遍认可，取得了良好效果，乌兹别克斯坦位列世界银行《营商环境—2018》改善最快的国家之一。中亚各国改革的主要领域集中在简化企业成立手续、保护中小股东权益、依法登记私有财产、确保合同执行力度、减少行政审批手续、提高政务信息透明度、完善司法诉讼程序、提供税费减免优惠、加大金融扶植力度、提高最低工资标准等方面。

二是社会更加开放。对内，乌兹别克斯坦政府积极与民众沟通，倾听民众意见，展现更加开放的姿态，积极构建社会与政府之间相互信任和互动的机制，民众可以表达自己的意见和立场，政府也会倾听。对外，乌兹别克斯坦努力与邻国建立友好关系。乌兹别克斯坦与吉尔吉斯斯坦、塔吉克斯坦实际上开放了边界，边境地区民众之间文化和经济联系开始密切。

三是金融改革步伐加快。很长一段时间乌兹别克斯坦没有实现货币自由兑换。现在企业可以放心地为进口业务换汇。这很重要，因为旧的经济模式与缺乏自由兑换有关。人为控制汇率是旧模式的支柱之一。为保障货币自由兑换，乌兹别克斯坦进行了货币体系改革。

银行改革也取得诸多成效，银行系统商业化，使商业银行更加独立。

四是开启经济发展新模式。首先是消除与进出口有关的各种行政障碍。从2019年1月1日起，计划大幅减少海关关税，最终使乌经济转向完全的自由贸易。税制改革的目标是：减少经济的总体税负，简化税收制度，平衡税收管理。这将是推动乌兹别克斯坦经济发展的一个非常重要的步骤。乌兹别克斯坦将赢得新的经济发展机会。此外，还计划进行行政改革、土地改革、预算改革、养老金改革、资源垄断改革等。

在此基础上，推动地区国家间贸易发展，构建新型合作模式。当经济空间是统一的时候可以进行联合生产，一家大型企业可以在整个地区工作。与本地区国家发展贸易和运输成本较小，在分工、专业化和合作的基础上有很多合作的机会。创建服务于整个地区的大型企业的可能性更高，这意味着规模经济扩大。探讨中亚国家创建新型合作关系，如集团合作，将地区国家间的许多小企业联合起来，创造高附加值的产品。事实上，绝大多数竞争性行业都是集团合作，包括从原材料到成品的整个循环过程。如一家大型企业，可以将其他业务分包给小企业，从而在大小企业之间建立起合作关系。如果中亚国家完全打开边界而不是封闭边界，那么货物、资本和人员自由流动就不会受到任何阻碍。更可期待的是，如果中亚国家开放边界，中亚地区对外国投资者会更具吸引力。外国投资者对大规模销售市场感兴趣，至少不需要在五个国家设立五家销售代理商或代表处。如果中亚国家形成统一市场，对投资者的吸引力会增加很多倍。中亚国家也可以联合进入国外市场。可以设想这样的场景：企业家们将有机会在费尔干纳谷地创造某个品牌的水果和蔬菜；塔吉克斯坦的伊斯法拉市，其干果生产原料来自吉尔吉斯斯坦、乌兹别克斯坦、塔吉克斯坦。

目前，乌兹别克斯坦共设有14个自由经济区，包括七个综合工业区和七个专项产业区。米尔济约耶夫总统认为，乌兹别克斯坦自由经济区的发展并没有达到预期目的，总体上存在以下问题：一是园区长期运行缺乏明确原则和方法；二是没有给海外投资者创造应有的便利条件；三是对于园区缺乏系统性定位；四是本土知名品牌缺失，投资项目组合差，物流体系不健全；五是对于园区土地使用不合理，部分园区土地、电力等资源准入审批过于繁琐。为此，米尔济约耶夫决定将在总统顾问咨询委员会框架下解决这一问题，增设专门负责园区建设的总统顾问，其管理和资源调动权限包含整个内阁行政部门等。

四、乌兹别克斯坦未来更加美好

米尔济约耶夫政府改革不仅对乌兹别克斯坦，也对整个中亚地区的未来有着深远的影响。目前，乌兹别克斯坦各领域改革的总纲领是《乌兹别克斯坦五大优先方向行动战略（2017—2021年）》，该战略是在2016年下半年米尔济约耶夫竞选总统期间的竞选纲领的基础上制定的。该战略涵盖了政治、司法、经济、社会民生和国防外交等五大领域，详尽规划了乌兹别克斯坦未来五年的发展蓝图，为乌兹别克斯坦人民谋划了美好的未来。因此，米尔济约耶夫总统高度重视该战略的落实效果，其推进经济建设、改善民生、调整外交政策，均围绕国家未来发展展开。

在2018年年初发布的《全球经济展望》报告中，世界银行将乌兹别克斯坦2018年GDP增速预期调高0.2个百分点至7.4%。与此同时，乌兹别克斯坦官方也给出了2018年经济增长7.8%的预期，体现出对自身经济前景的信心。这种信心不仅源于乌兹别克斯坦经济惯有的稳定性，很大程度还得益于乌兹别克斯坦新任总统米尔济约耶夫上任后实施的一系列举措。乌兹别克斯坦将投资纳入2019年国家发展主题，不仅表明乌高度重视投资对发展国民经济以及提升人民生活水平的作用，同时也意味着乌政府将为此出台系列配套措施，为外资提供更好条件，加快招商引资步伐。乌兹别克斯坦国家综合实力和人民生活水平将不断提升，发展前景可期。

开明、开放、积极的乌兹别克斯坦

【摘要】乌兹别克斯坦政局稳定，米尔济约耶夫总统精简机构，整顿吏治；社会形势稳定，出台各项社会保障措施，鼓励扶持传统文化，社会氛围良好；“亲邻睦邻”政策推动中亚国家区域合作，在与邻国改善关系、提升合作、解决历史遗留问题方面有更多务实举措。与俄罗斯夯实战略伙伴关系，加强与美西方国家往来，大力吸引中国资本，平衡与中俄美大国关系，体现出米氏高超外交技巧。乌兹别克斯坦呈现出开明、开放、积极的发展趋势。

【关键词】乌兹别克斯坦　改革　发展

【作者】苏畅，中国社会科学院俄罗斯东欧中亚研究所研究员。

当前乌兹别克斯坦政局稳定，米尔济约耶夫总统塑造开明、开放、积极的个人形象，对内创造良好的政治氛围，对外展示乌新政权新气象，得到国内外各界一致支持。乌兹别克斯坦社会稳定，政府扶持传统文化，强调传统社会的作用，推动传统文化的复兴；重视社会治理，打击极端主义，整治社会治安；各项经济改革全面铺开，社会氛围良好。

一、重视社会治理，完善社会保障

一是上调居民工资，保障居民在物价涨幅较大情况的基本收入。2018年10月15日，米尔济约耶夫总统签署《提高工资、退休金、奖学金和津贴发放标准》命令，自2018年11月1日起，由财政预算支出的工资、退休金、奖学金和津贴发放标准平均上调10%。按照上述总统令，最低工资标准为20.27万苏姆/月（约合24.8美元），最低退休金标准为39.65万苏姆/月（约合48.5美元），先天残疾人士最低补助标准39.65万苏姆/月（约合48.5美元），不足规定工作年限的老年人和无劳动能力人士最低补助标准24.33万苏姆/月（约合29.7美元）。[①] 乌财政部还表示，2018年工资、退休金和津贴涨幅将不低于当年通胀率。

二是制订国家退休保障体系改革构想草案，并向社会征集意见。草案认为，乌当前养老保险缴纳存在以下问题：预算外退休基金共向330余万人提供保障，约占乌总人口的10%，其中，退休人员250.2万人，残疾人36万人，丧失劳动能力16.85

① “乌将上调工资、退休金、奖学金和津贴发放标准”，驻乌兹别克经商参处，http://uz.mofcom.gov.cn/article/jmxw/201810/20181002796758.shtml，登录时间：2019年3月25日。

万人，社会津贴领取者29.41万人。2018—2025年人口预测资料显示，退休人员将增加120万人，会增加退休基金支出负担，导致收支不平衡。乌兹别克斯坦居民的退休年龄女性为55岁，男性为60岁。长期以来，乌的退休金缴纳程序复杂、不透明，缺乏促进居民长期、不间断缴纳养老保险的机制，导致1700万劳动人口中，60%（1020万）没有养老保险，即没有向退休基金缴纳费用。此外，目前乌公民缴纳超过7年养老保险，到退休时即可领取退休金，时间过短，多数独联体国家缴纳年限为10—15年，而国际通行做法是至少需缴纳15年养老保险。构想草案提出，从以下几方面对退休基金进行改革：提高社会公正性和退休保障体系效率，赋予退休者全额领取退休金的权利，实现向老年人和残疾人发放退休金便利化（一个窗口办事）；进一步加强退休金缴纳年限与领取金额挂钩机制，缴纳时间越长，领取金额越多，缴纳超过35年的，每多缴纳一年，退休金领取增加2%；逐步提高退休年龄，增加养老保险最低缴纳年限；推广现代化信息技术。[①]

三是重视青年人才培养。由于乌有大量青年人口，乌政府非常重视青年问题，尤其是青年人才的培养。2018年1月，乌政府部门联合有关社会机构和青年组织推出“社会直达电梯”培训计划，在项目框架内为乌低保障家庭成员、就业困难青年等提供免费的计算机、英语技能培训。乌官方称其为“乌兹别克斯坦梦想”，帮助青年人获得专业职能培训，树立正确的价值观，鼓励他们为实现梦想而奋斗。2018年2月12—18日，第二

① “乌公布国家退休保障体系改革构想草案”，驻乌兹别克经商参处，http://uz.mofcom.gov.cn/article/jmxw/201804/20180402738278.shtml，登录时间：2019年3月25日。

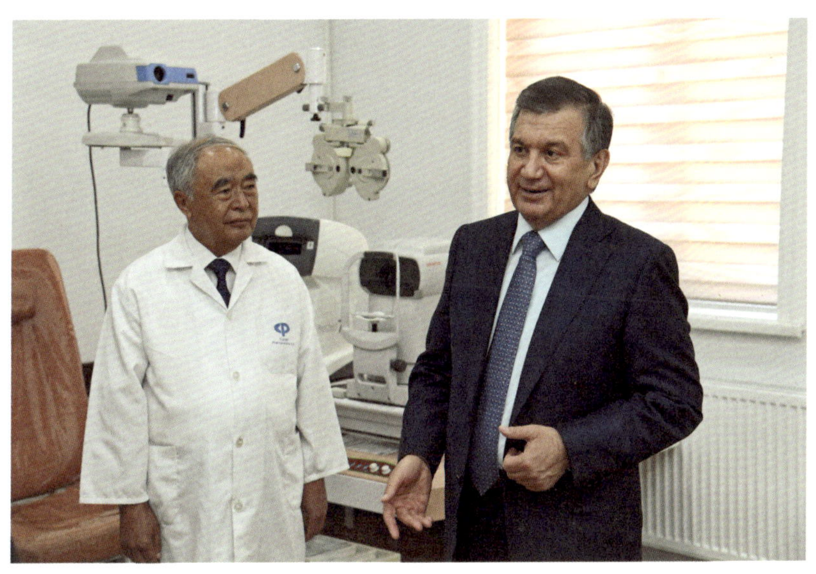

2017年7月15日，米尔济约耶夫总统在塔什干市考察新医学中心。

届乌俄青年论坛在塔什干、撒马尔罕、布哈拉举行。论坛通过了乌俄青年联盟合作备忘录，内容是加强两国青年交流。[①]

四是提高医疗服务水平。长期以来乌兹别克斯坦存在以下四大医疗问题：医疗机构稀缺，技术设备落后，医护人员专业水平有限，药品匮乏。2018年11月，米尔济约耶夫主持召开政府医疗卫生领域电视电话工作会议，强调要通过创新医疗系统体制改革解决所面临的问题，完善村—镇—市—州多级医疗机制布局，提高居民医疗服务保障质量。并签署《加强乌国家医药卫生机构和医疗管理部门工作人员物质奖励措施》总统令，要求提高乌医药卫生领域人员工资待遇，成立医疗管理部门工

① В трех городах Узбекистана проходит II узбекско-российский молодежный форум, 13 фев, http://www.ca-portal.ru/article:40840，登录时间：2019年3月27日。

作人员物质奖励和发展基金，资金将用于医疗领域工作人员的物质奖励、改善住房条件、提升专业技能、吸引外国技术专家来乌工作等方面。

五是扶持传统文化，尊重传统社会，鼓励正本清源的伊斯兰思想，推动伊斯兰文化健康发展。伊斯兰合作组织同意将2020年的伊斯兰文化中心定在布哈拉。（每年伊斯兰合作组织都会在亚洲、非洲和阿拉伯国家挑选三座城市作为伊斯兰文化中心）。[①]

六是完善非政府组织“玛哈利亚”的社会治理功能。在2017年2月米尔济约耶夫签署了《关于进一步完善玛哈利亚机制》的总统令之后，乌政府不断完善其功能，同年6—7月对塔什干城内88个玛哈拉进行设施维修，涉及全城11个区的玛哈利亚组织。

七是重视打击极端主义，尤其是治理极端思想工作。乌国家安全局局长阿卜杜拉耶夫指出，“伊斯兰国”、塔利班、突厥斯坦伊斯兰运动等恐怖组织及其他武装团伙在阿富汗北部活跃，武装人员回流各国，这些对乌安全构成挑战。2018年年初，乌兹别克斯坦通过了《乌兹别克斯坦五大优先方向行动战略（2017—2021年）》，其中安全、种族和睦和宗教宽容是重点之一，制定并实施针对极端分子的“康复计划”。[②] 在乌全国境内各地区均成立了打击极端主义的特别小组，其成员包括内务部、国安局、总检察长办公室、各州政府、玛哈利亚机构、各宗教场所和其他机构

① Бухару утвердили столицей исламской культуры，09.01.2018，http://www.fergananews.com/news/27797，登录时间：2019年3月27日。

② Борьба с религиозным экстремизмом – опыт Узбекистана，2 мар.，https://365info.kz/2018/03/borba-s-religioznym-ekstremizmom-opyt-uzbekistana/，登录时间：2019年3月27日。

人员。小组负责审查“极端分子名单”，造访其家人和邻居，向其解释未来计划及必要的援助金额。“极端分子名单”分为三类：一是悔改人员；二是不坚定的摇摆者；三是顽固的极端分子。如果第三类人无意放弃其极端主义观点，那么特别小组代表将警告拘留甚至剥夺其国籍。如果激进分子已经意识到在组织活动的参与将带来的严重后果，并准备放弃自己的立场，当局将为他们提供“大赦”。大规模工作开展后取得了成效。特别小组人员确定了1.8万余名极端组织悔过人员。乌当局还对那些决定开始新生活的公民给予就业援助和从事社会活动方面的帮助。

八是完善农村地区基础设施配套建设。2018年3月，乌政府批准了《建设设施完备的农村规划》。米尔济约耶夫高度重视农村地区的发展，强调要加强农村地区的基础设施建设，包括农

2018年7月20日，米尔济约耶夫总统了解住房建设和公共设施项目。

村地区标准化住房、社会公共设施及供水、供电、网络、道路配套设施的维护与修建。

九是重视教育，提出创新发展战略。2018年9月，米尔济约耶夫批准了“2019—2021年创新发展战略”。该战略的核心是培养人才，计划提高教学质量、扩大教育覆盖面，发展国民连续受教育体系，并根据经济需要建立灵活的干部培养体系，力争在2030年前成为全球创新指数排名前50的国家。创新发展战略的主要任务有：提高国家科研潜力和效率，建立有效的教育、科研和企业生产转化一体化机制，广泛推广科研成果；增加国家和私人资金对创新、科研、设计—工程工作和技术工作领域的投入，在上述领域推广现代化、高效的融资方式；通过推广现代化的管理方式提高国家权力机关工作效率；保护知识产权，建立平等竞争的市场环境，发展国家—私人伙伴关系；为创新发展建立稳定的社会—经济基础设施。2018年11月，米尔济约耶夫召开会议研究国民教育体系改革问题，他强调国民教育部、中等和高等专业教学中心、就业与劳动关系部研究制定具体措施，提高教师专业技能，加强人员培训，保持教师队伍稳定。

乌兹别克斯坦著名经济学家尤苏波夫认为，乌兹别克斯坦的改革有以下几大成效：一是社会更加开放，政府学会了“与社会交谈，倾听社会”。二是对外部世界的开放性更为明显，与邻国的关系明显改善。三是开启了一系列重大改革，包括金融、投资、税制等，起到“破冰”作用。[①] 米尔济约耶夫常携妻子女儿一起出现在公共场合展示和睦的家庭关系，既鼓励了传统社

① Юлий Юсупов о реформах и их вызовах，26 сен. 2018 г.，http://caa-network.org/archives/14195.

2018年11月16日，米尔济约耶夫总统考察卡拉卡尔帕克斯坦的幼儿园。

会文化，也为总统本人魅力加分。

二、外交频现亮点 合作展现新颜

米尔济约耶夫总统“亲邻睦邻”政策推动了中亚国家区域合作，在与邻国改善关系、提升合作、解决历史遗留问题方面有更多务实举措；同时还平衡好与中俄美大国关系，体现出米尔济约耶夫的高超外交技巧。2018年4月，乌兹别克斯坦公布了《中期外交政策和对外经济合作发展优先方向》，确定了同主要外国合作伙伴关系中期发展规划，明确乌外交政策重点是中亚，将与中亚其他国家扩大和深化开放、互利的合作，包括最终完成划界和勘界、尽快解决水资源利用问题、增加贸易额。同时这份文件中也强调，乌兹别克斯坦高度重视发展和加强同俄罗斯的战略伙伴和友好关系。乌俄两国在2018年夯实战略伙伴关系是米尔济约耶夫得以在大国间获益的关键因素。2018年乌俄继续“蜜恋期”，在经济和核能等关键领域都有切实合作。乌兹别克斯坦注意平衡与美西方国家关系，与美国在不少领域有新的交流。与中国重视经贸合作，尤其在基础设施建设、工业园区等大项目方面，积极吸引包括中国在内的外资进入。与中亚其他国家或微调偏向某些大国或令美俄欧多加指责的情况不同的是，乌兹别克斯坦在妥善处理好与大国关系的同时，获得来自大国的实际支持。伦敦东方和非洲研究所（SOAS）学者伊尔哈莫夫认为“乌兹别克斯坦正在成为各方利益交汇点”。[①] 2018年米尔济约耶夫的外交活动以务实拓展为特点，为乌兹别克斯坦创造出更加和谐、气氛友好的外部环境，有利于乌兹别克斯坦经济发展。

一是乌兹别克斯坦与俄罗斯高层互动频繁，政治互信增强。2018年10月19日，俄罗斯总统普京对乌兹别克斯坦进行正式访问。两国签署了13份合作文件，被乌兹别克斯坦媒体誉为“13份文件具有历史意义”。期间两国举行了首届地区间合作论坛，签署了785项各类合作协议，总金额逾250亿美元。2018年，俄罗斯对乌兹别克斯坦的政权、对外政策及举措均给予明确支持。2018年2月24日，乌兹别克斯坦外长卡米洛夫访俄，两国外交部签署了《2018—2019合作规划》。俄罗斯外长拉夫罗夫称，俄乌关系迅速发展，两国2017年贸易额增长了35%，近40

① Ташкент стал местом столкновения геостратегических интересов, 1 ноя , 2018 г., http://www.exclusive.kz/multimedia/naruzhnoe-nablyudenie/115107/，登录时间：2019年3月30日。

亿美元，双方在双边和多边领域展开合作，包括在联合国、独联体、上合组织。俄方感谢乌在联合国对俄的支持，包括支持俄在联合国在安全等问题上的立场。3月5日，俄罗斯副财长率团访乌，双方主要讨论关税问题，以及在交通投资领域的合作。

核能合作推动两国关系进入新的高度。2018年10月13日，两国签署了关于在乌兹别克斯坦建造第一座核电站的协议，两个发电机组的容量分别为1.2兆瓦。该电站建成后乌兹别克斯坦将成为中亚第一个拥有核电站的国家，每年可节约约37亿立方米的天然气（约占乌兹别克斯坦全国产量的6%）。2017年12月，俄原子能公司代表团访乌，两国签署了《关于和平利用原子能领域合作的政府间协定》。该协定指出，俄将为乌兹别克斯坦建立核基础设施，培训核能人员，为乌兹别克斯坦在本国建设核电厂和反应堆提供支持。[①] 2018年2月，乌兹别克斯坦外长卡米洛夫访俄时就两国核能合作进行磋商。此外，据欧亚分析俱乐部负责人门特科维奇撰文称，俄在以国内价格向乌提供武器。[②]

据俄罗斯外交部称，2017年俄罗斯与乌兹别克斯坦的贸易额为36.5亿美元，比上年增长34%。俄方称乌兹别克斯坦是其在独联体国家中的重要贸易伙伴。[③] 俄罗斯政治分析家埃尔加舍

---

① Узбекистан и РФ готовят «дорожную карту» по сотрудничеству в атомной энергетике26 фев，http://podrobno.uz/cat/politic/uzbekistan-i-rf-gotovyat-dorozhnuyu-kartu-po-sotrudnichestvu-v-atomnoy-energetike/，16.03.2018，http://www.fergananews.com/articles/9854，登录时间：2019年3月30日。

② Форпосты на Амударье: почему Кремль заинтересован в Ташкенте，18 окт.，13:04，2018 г.，https://ru.sputnik-tj.com/columnists/20181017/1027143758/Forposty-na-Amudare-pochemu-Kreml-zainteresovan-v-Tashkente.html，登录时间：2019年4月1日。

③ Товарооборот России с Узбекистаном за 2017 год вырос на треть，22 фев.，https://ru.sputniknews-uz.com/economy/20180222/7573601/tovarooborot-rossii-i-uzbekistana-vyros-na-tret.html，登录时间：2019年4月1日。

夫表示，乌兹别克斯坦向俄罗斯出口农产品大幅增加，部分原因是莫斯科在进口方式上消除了各种障碍，而乌兹别克斯坦的水果和蔬菜在苏联时期具有品牌效应。[①] 俄罗斯还是乌劳动移民的主要目的地，与其他中亚国家劳动移民不同的是，乌的劳动移民在俄比较受欢迎。两国都重视乌兹别克斯坦合法劳务移民在俄工作及其权利的保障问题。对于俄罗斯人来说，乌兹别克斯坦饮食美味，并且有值得一看的旅游胜地。

在2018年10月普京访乌签署的13份文件中，有6项涉及人文及教育领域的合作，包括在乌建立俄高校分校协议、莫斯科国际关系学院与乌兹别克斯坦世界经济与外交大学共建莫斯科国际关系学院分院的协议等。有俄媒报道，目前超过2.5万名乌兹别克斯坦学生在俄留学，乌兹别克斯坦有三个俄罗斯教育机构的分支机构。

俄罗斯财政大学政治学系副教授米尔扎扬认为，乌兹别克斯坦对于俄的利益在以下几个方面体现：一是经济因素，包括市场、人口、资源；二是乌稳定有利于遏制俄及中亚地区的激进化与伊斯兰化。[②] 对于乌兹别克斯坦来说，在米尔济约耶夫执政初期俄给予的政治支持至关重要，是米尔济约耶夫有效掌控政权的重要外部力量。在乌实现新政权初期的稳定之后，当前迫切需要快速发展，俄亦提供军事、经济、人文领域的重要支

---

① Форпосты на Амударье: почему Кремль заинтересован в Ташкенте, 18 окт., 13:04, 2018 г., https://ru.sputnik-tj.com/columnists/20181017/1027143758/Forposty-na-Amudare-pochemu-Kreml-zainteresovan-v-Tashkente.html，登录时间：2019年4月1日。

② Форпосты на Амударье: почему Кремль заинтересован в Ташкенте, 18 окт., 13:04, 2018 г., https://ru.sputnik-tj.com/columnists/20181017/1027143758/Forposty-na-Amudare-pochemu-Kreml-zainteresovan-v-Tashkente.html，登录时间：2019年4月2日。

持。正如乌兹别克斯坦历史学家奥尔加·科兹泽娃在回答记者提问“乌兹别克斯坦是否有类似哈萨克斯坦的恐华症”问题时，她表示：“只要在展开对华关系的同时，保持平衡发展对俄关系，我认为没有什么可以威胁我们。”[①]

二是乌兹别克斯坦视与中亚其他国家的关系为外交活动中的重中之重。2018年，乌兹别克斯坦与中亚其他国家关系继续加强，如从哈萨克斯坦进口军用光电设备，与吉尔吉斯斯坦继续进行划界谈判，乌兹别克斯坦到中亚其他国家的劳动移民明显增加。其中，与塔吉克斯坦修复关系、解决问题、开拓合作，是2018年乌兹别克斯坦邻国外交中的突出特点。2018年3月9—10日，米尔济约耶夫总统对塔吉克斯坦正式访问，两国领导人签署了《战略伙伴关系宣言》，主要内容是：双方共同维护地区安全、稳定与发展，保持友好关系；加强政治对话，扩大高层往来；扩大在经贸领域的合作，在未来一年推动两国贸易额达到5亿美元；推动两国的工业发展，建立合资企业和贸易城，建立对外贸易基础设施和进出口机制；双方将加强对经济领域的投资，签署了政府间投资保护协议。同年8月17日，塔吉克斯坦总统拉赫蒙访问乌兹别克斯坦，这是拉赫蒙20年来第一次访乌。在这一年中，两国关系在正常化的基础上，在多个领域积极合作：恢复两国边境口岸和边检站；实施30天以下互免签证；协商公平合理解决水资源问题，乌方表示将全方位考虑参与塔吉克斯坦水电站修建的可能性，包括罗贡水电站；乌向塔供应价格格低

---

① Почему узбеки не любят США, но уважают Китай — эксперт, 20 авг., 2018 г., https://365info.kz/2018/08/pochemu-uzbeki-ne-lyubyat-ssha-no-uvazhayut-kitaj-ekspert/, 登录时间：2019年4月2日。

于国际市场一倍的天然气（2012年乌停止向塔供应天然气，塔曾多次努力与塔什干谈判希望恢复供气，但没有结果）。

乌塔修复关系对中亚地区来说是一件大事，意义重大：首先，两国关系的改善有利于消除本地区的威胁因素。在过去几十年中，两国矛盾难以化解，导致地区国家间关系紧张、边境安全问题突出。其次，为中亚国家团结协作树立典范。俄罗斯中亚问题专家杜布诺夫认为，米尔济约耶夫访问塔吉克斯坦为整个中亚地区各国恢复彼此间信任提供了机会，为未来中亚国家迈向一体化创造了前提条件。① 同时有助于两国共同应对来自阿富汗的恐怖主义威胁。最后，两国的互动对促进经济发展提供了良好条件。近年乌塔贸易额大幅攀升：2014年仅为1310万美元，到2017年已升至2.4亿美元，良好的贸易往来对当前困难重重的塔吉克斯坦经济有一定的积极作用。与塔关系修好同样有利于乌兹别克斯坦的经济发展。俄学者格罗津认为，乌兹别克斯坦正在逐步实现与邻国关系的正常化，这给本国经济改革创造条件——如果没有开放的边界、没有与邻国建立正常的经济联系、没有建立通过邻国的物流体系，那么改革将不会成功。因此，乌兹别克斯坦有意解决多年来积累的问题。②

三是2018年乌美关系有不少亮点：一是米尔济约耶夫访美，签署了不少经济合作文件；二是美国明确支持乌参与阿富汗和平与重建进程；三是美国非政府组织再次进入乌，具有特

① Аркадий Дубнов: Жители региона - заложники личных отношений вождей, http://www.fergananews.com/articles/9845.

② Грозин: визит Мирзиёева станет лишь первым шагом в восстановлении отношений с Душанбе, 10 мар, https://ru.sputnik-tj.com/main/20180309/1024962607/grozin-vizit-mirziyoeva-stanet-lish-pervym-shagom-vosstanovlenii-otnosheniy-dushanbe.html.

2018年5月15—17日，米尔济约耶夫总统对美国进行国事访问。

别意义。5月15—17日，米尔济约耶夫访问美国，两国签署了一系列、数额达数十亿美元的经济合作协议，协议聚焦重大投资项目。

此外两国政府间的高访还有1月16日乌外长卡米洛夫访美、3月27日美国助理国务卿托马斯·香农访乌。美国支持乌参与阿富汗和平与重建进程，认为两国都希望维护中亚和阿富汗的稳定。8月，美国非政府组织“美国教育和语言研究合作委员会”（ACCELS）在塔什干设立代表处，这一组织于2006年6月在塔什干被关闭。10月，美国商务部长访乌，两国举行商业论坛，美方表示将增加向乌投资。目前在乌有210家有美注资的企业，2018年初又增加了25家有美投资的企业。俄罗斯战略评估和预测中心副主任潘克拉坚克认为，美国需要在中亚拥有可靠认真

2018年5月17日，米尔济约耶夫总统在美国参议院发表讲话。

的伙伴，乌和哈是最好的选择，乌重视与美国的交往，其重要原因之一是希望得到美国的大量投资和增加出口。[①]

四是乌兹别克斯坦关注阿富汗形势，努力推动阿富汗和平进程，参与阿富汗重建。2018年1月，乌兹别克斯坦财长库契卡洛夫访问阿富汗，讨论修建马扎里沙里夫—赫拉特的铁路。乌兹别克斯坦还将降低与阿富汗货运的关税达50%。乌兹别克斯坦还在铁尔梅兹专门为阿富汗公民建立培训中心。3月26—27日，乌兹别克斯坦举行“和平进程：安全合作与地区协作”阿富汗问题国际会议，包括阿富汗总统加尼以及中亚国家、中国、俄罗斯、美国等几十个国家的领导人或代表出席了会议，会议

① Ташкент и Вашингтон: диалог ценою в миллиарды, 14 июня, https://www.ritmeurasia.org/news--2018-06-14--tashkent-i-vashington-dialog-cenoju-v-milliardy-36993.

通过了《塔什干宣言》。米尔济约耶夫强调，乌兹别克斯坦对阿富汗问题立场明确，即军事手段无法解决阿富汗问题，阿富汗内部进行无条件谈判进程才应成为有效手段。

乌兹别克斯坦关注阿富汗形势，对阿富汗事务积极，除借此意在提升地区影响力之外，也确实有其安全需求。2018年阿富汗形势持续恶化，阿北部恐怖主义势力复杂，乌兹别克斯坦伊斯兰运动等中亚老牌恐怖组织参与“伊斯兰国”和塔利班军事行动，并与其他地区恐怖势力合流，对乌兹别克斯坦构成潜在的威胁。3月2日在阿北部城市朱兹詹打死27名“伊斯兰国”武装人员，其中10名乌兹别克斯坦伊斯兰运动成员均曾系乌籍公民。①

五是乌兹别克斯坦以务实态度推动地区合作。2018年3月15日，哈萨克斯坦、吉尔吉斯斯坦、乌兹别克斯坦、塔吉克斯坦四国总统，以及土库曼斯坦议长在阿斯塔纳举行“协商会议”。这是13年以来中亚国家领导人首次举行没有域外国家参与的会晤，“中亚一体化”再次成为各方热议话题。但乌兹别克斯坦对相关国家各界热炒的“中亚一体化”持谨慎态度，乌方政治学者帕拉莫诺夫对峰会做了如下解读：元首首脑会议是根本改善各国间关系的重要步骤，主要目标是形成最高级别的磋商和交换意见的常设机制，中亚国家间矛盾的解决还有很长的路要走。② 此外，乌兹别克斯坦还开始参加独联体地区的合作。3月，乌兹别克斯坦加入独联体国家金融调查理事会，乌兹别克

① На севере Афганистана уничтожены полтора десятка наемников ИГ из Узбекистана и Таджикистана, 02.03.2018，http://www.fergananews.com/news/28709.

② Узбекистанские эксперты: Речи об интеграционных объединениях в ЦА не идет，14 мар.，http://press-unity.com/analitika-stati/11129.html.

斯坦总检察院打击税收、货币犯罪和洗钱司为执行该国际协议的主管部门。

六是乌兹别克斯坦对华热情友善，积极吸引投资。第一，乌兹别克斯坦高度重视与中国在“一带一路”框架下加强经济合作，鼓励中国增加对其投资。乌兹别克斯坦总统战略与地区研究所所长弗拉基米尔·诺罗夫认为，两国合作的优先发展方向首先是贸易、经济和投资，对于中国来说乌兹别克斯坦也是富有吸引力的巨大市场。乌兹别克斯坦重视与中国在“一带一路”框架下的合作，重点是交通基础设施项目、高科技和创新项目和工业园区建设。[①] 2018年6月，米尔济约耶夫总统来华出席上海合作组织青岛峰会期间，两国签署了一系列文件，中国国家开发银行向乌兹别克斯坦提供2.5亿美元贷款用于企业经营活动。自2006年以来，中国国家开发银行向乌兹别克斯坦提供了总值4.05亿美元的贷款，这些贷款用于450个项目，主要在旅游、建材、工业纺织、农业等领域。6月6日，中国丝路基金与乌兹别克斯坦对外经贸银行签署了《修建“撒马尔罕国际会展文旅综合体”备忘录》。9月，乌兹别克斯坦最高会议立法院主席伊斯莫伊洛夫访华。

第二，贸易额迅猛增长。2018年前三季度中乌贸易额为44.29亿美元，增长12.93%，占乌外贸总额的19.2%，中国仍是乌兹别克斯坦的最大贸易伙伴。其中中方出口总额为24.92亿美元，是乌兹别克斯坦第二大进口来源国，中方进口总额为19.37

① Как достичь гармонии: Владимир Норов рассказал о приоритетах развития ШОС и узбекско-китайских отношений，12 сен., https://podrobno.uz/cat/uzbekistan-i-kitay-klyuchi-ot-budushchego/kak-dostich-garmonii-vladimir-norov-r/.

亿美元，是乌第一大出口目的地国。

第三，民心沟通顺畅，乌兹别克斯坦各界对华友好，文化、教育领域合作积极展开。与哈萨克斯坦、吉尔吉斯斯坦社会流行“中国威胁论”、对中国投资既渴望又担忧的态度不同，乌兹别克斯坦从政府到民间对华态度积极友善，体现出乌兹别克斯坦谋求发展的务实精神。乌兹别克斯坦历史学家奥尔加·科兹泽娃在接受记者采访时表示，如果仔细阅读“一带一路”倡议，就会感受到睦邻、平等的中国。[①] 米尔济约耶夫总统鼓励乌兹别克斯坦青年到中国留学。乌总统战略和地区研究所所长诺罗夫表示，中国是国际教育的中心，大学生交流活动日益频繁，汉语学习在乌兹别克斯坦广受欢迎，并且这一专业的毕业生就业前景看好。

① Почему узбеки не любят США, но уважают Китай — эксперт, 20 авг.2018 г., https://365info.kz/2018/08/pochemu-uzbeki-ne-lyubyat-ssha-no-uvazhayut-kitaj-ekspert/.

乌兹别克斯坦与俄罗斯关系新动向

【摘要】俄罗斯在中亚地区的影响力是独一无二的，发展与俄罗斯的经济、政治、安全互动是乌兹别克斯坦外交的优先方向。对俄罗斯来说，乌兹别克斯坦具有特殊的地位，既是防范极端主义、恐怖主义的战略伙伴，也是维护该地区稳定、防范外部势力向中亚渗透的战略同盟。在卡里莫夫总统执政后期，乌俄关系基本定型，乌放弃在俄美之间的摇摆政策，奉行“等距离”大国平衡外交，乌不允许外国驻军，也不参加任何军事同盟。米尔济约耶夫总统执政后，很快出访俄罗斯，双方在经济关系上发展迅速。乌奉行平衡外交的同时，更加务实地向俄罗斯有所倾斜。乌俄关系在继承中发展。

【关键词】俄罗斯　乌俄关系

【作者】邓浩，中国国际问题研究院研究员，中国上合组织研究中心秘书长；景晓玉，中国国际问题研究院助理研究员。

俄罗斯在中亚地区有着无与伦比的影响力，在经济、政治和安全等各方面与中亚地区都有密切的联系。米尔济约耶夫就任总统后，发展与俄罗斯的关系成为其外交的重心之一，也是乌兹别克斯坦能否处理好大国平衡外交的关键。近年，乌兹别克斯坦与俄罗斯关系平稳发展，在经济和安全上合作的密切程度与卡里莫夫时期相比都有所提升。

一、乌兹别克斯坦与俄罗斯关系的历史维度

乌兹别克斯坦与俄罗斯关系起于沙俄对中亚地区的占领。19世纪60—70年代，现在的乌兹别克斯坦逐步被并入俄罗斯。1917—1918年，乌兹别克斯坦建立苏维埃政权，1924年10月成立乌兹别克苏维埃社会主义共和国并加入苏联。乌兹别克斯坦与俄罗斯作为一个整体，与俄罗斯共同生活了一百多年的时间。1991年8月31日，乌兹别克斯坦宣布独立，开始了与俄罗斯关系的新时期。乌俄关系由一个国家的内部联盟关系变成两个独立体之间的关系。两国都努力以“无痛苦且彼此信任的”方式使两国合作适应苏联解体后的政治和经济新现实——伙伴关系。

1992年3月，乌俄建交。但苏联解体对两国的经济、社会关系都造成巨大的冲击。社会层面，大批俄罗斯族人迁出乌兹别克斯坦，乌兹别克斯坦很快将本国文字从基里尔文拼写改成拉丁字母拼写。经济层面，传统的联系遭到割裂，以生产伊尔运输机、加油机著名的契卡洛夫飞机制造厂破产，折射出经济联系破裂给两国带来的困难。而发展路径也完全不同，俄罗

斯在叶利钦的带领下，走上以“休克疗法”为标志的激进改革之路，而乌兹别克斯坦在卡里莫夫的带领下，走上渐进式改革路线，即经济优先、国家调控、法律至上、循序渐进、社会保障“五原则”。安全上，乌兹别克斯坦与俄罗斯关系几经波折。1992年，乌兹别克斯坦等与俄罗斯签署了《独联体集体安全条约》，乌兹别克斯坦在独立之初的国家安全需要依赖俄罗斯。1994年，两国签署了《乌兹别克斯坦与俄罗斯签署军事合作条约》和《乌兹别克斯坦与俄罗斯武装力量间相互提供技术和物质保障的原则协议》等文件，强化了安全合作。但随后，两国关系变得复杂，乌兹别克斯坦首任总统卡里莫夫反对在苏联空间建立军事政治联盟，坚持国家外交安全独立。之后，乌兹别克斯坦几度退出和加入集体安全条约组织，折射出乌俄关系的波动。在此期间，乌兹别克斯坦与西方关系明显发展。

2005年5月，乌兹别克斯坦的安集延爆发骚乱，一批极端分子袭击了当地警察岗哨和军队营地，夺取了一批武器弹药，冲击了安集延市监狱并释放出一批在押犯。乌兹别克斯坦总统卡里莫夫亲自坐镇，采取了坚决果断措施平息了骚乱。但此举招致西方的指责，要求进行国际调查。该事件使乌兹别克斯坦与西方关系出现巨大困难，乌对西方借口民主、人权干涉乌内政非常不满，乌兹别克斯坦将美军逐出了汉纳巴德军事基地。而在该问题上，俄罗斯则坚决站在乌兹别克斯坦一方，乌俄关系迅速发展。2005年11月，乌兹别克斯坦总统卡里莫夫访俄，乌俄签署了《俄罗斯联邦与乌兹别克斯坦共和国联盟条约》，条约开篇即表示，“双方致力于长期建立和发展联盟关系”，“如果其中一方遭到侵略，则另一方根据《联合国宪章》第五十一条集体自卫权法，向遭受侵略的一方提供必要的协助，包括军事以及其他必要的手段”。[①] 2006年，乌兹别克斯坦加入俄罗斯主导的欧亚经济共同体。

对乌兹别克斯坦来说，俄自始至终都是乌重要的战略伙伴和盟友，这是乌在处理对俄关系上的出发点。发展与俄罗斯睦邻友好关系是国家安全、独立的保障。但乌兹别克斯坦作为有深厚历史底蕴的国家，政治经济安全的独立是一直追求的目标。2012年9月，乌兹别克斯坦批准《乌兹别克斯坦对外政策构想》，提出乌实施和平外交政策，不参加任何军事政治集团，当任何国家间组织有可能转变为军事政治集团的时候，乌兹别克斯坦有权退出该组织。乌采取政治、经济和其他措施，防止卷入周边国家武装冲突和紧张局势，不允许在本国领土上设立外国军事基地和设施，乌兹别克斯坦军队不参加境外行动。该外交政策构想既是乌兹别克斯坦外交独立的标志，也为乌俄关系非同盟关系进行了定性。

二、米尔济约耶夫时代的乌俄关系变化

卡里莫夫时期，俄乌关系基本定型。两国签署了340多个国家间、政府间和部门间协议。这是两国长期互利合作的法律基础。2016年9月，首任总统卡里莫夫突然辞世，乌兹别克斯坦独立以来首次进行权力交接。俄罗斯领导人在第一时间出现在

① 《Договор о союзнических отношениях между Российской Федерацией и Республикой Узбекистан》，俄罗斯总统网站，http://www.kremlin.ru/supplement/4709，登录时间：2005年11月14日。

乌兹别克斯坦。2016年9月3日，俄罗斯总理梅德韦杰夫前往在撒马尔罕参加了卡里莫夫的国葬。2016年9月6日，参加完杭州的G20峰会后，俄罗斯总统普京专程飞往撒马尔罕，前往卡里莫夫的墓地进行吊唁。普京表示："俄方将尽一切努力支持两国的共同发展之路、支持乌兹别克斯坦人民和当局。贵国完全可以把希望寄托在俄罗斯身上，就像对最可靠的朋友一样。"[①]米尔济约耶夫表示，俄罗斯和乌兹别克斯坦"过去、现在和将来都是战略伙伴和盟友关系"。[②]俄领导人的到访并与米尔济约耶夫的会谈传递的信号是俄罗斯尊重乌兹别克斯坦的发展道路，支持乌兹别克斯坦和平有序地进行政权交接。

2017年4月4—5日，当选总统后的米尔济约耶夫对俄进行国事访问。此访期间，米尔济约耶夫与普京举行了小范围和大范围的会谈，双方商定进一步加强在政治、经贸、投资、能源、交通、金融、科技、农业、文化、旅游、劳务移民、军事等领域合作。普京表示，愿共同推动俄乌关系顺利过渡并进入全新发展阶段。米尔济约耶夫表示，"俄罗斯是乌的战略伙伴，我们是同盟关系"，希望"通过双方共同努力为两国合作增添新的实际内容、任务、具体规划和具体项目"。[③]双方签署了55份合作文件，包括劳动移民协议、俄罗斯向乌农产品提供"绿色通道"等乌关切的文件，以及总金额近160亿美元的合作协议。

---

① "普京：乌兹别克斯坦可对俄寄予厚望 就像对最可靠的朋友"，俄罗斯卫星网，http://sputniknews.cn/politics/201609061020687148/，2016年9月6日，登录时间：2019年4月22日。

② 同上。

③ "визит Мирзиёева в РФ: третий по очереди — первый по важности"，2017年4月5日，俄罗斯卫星网，http://ru.sputniknews-uz.com/politics/20170405/5132722/Mirzieev-Uzbekistan-vizit-Putin.html"，登录时间：2019年4月23日。

俄罗斯学界认为，此访具有历史性意义，是双边关系的转折点，为俄乌加强政治对话互信奠定了新的基调。俄罗斯科学院世界经济和国际关系国家研究所中亚处负责人 D. 马雷舍娃认为，这次会见是“史无前例的，强有力地推动了乌俄几乎所有层面和所有领域的合作”。[①]

首先，军事安全合作出现突破。军事安全合作是显示两国关系密切程度的一个重要方面，对国家外交优先方向具有指标性意义。在2017年4月的访问中，军事安全合作是会谈的重要内容，期间乌俄两国签署了《军事技术合作协议》。2017年10月，双方举行了自2005年以来的首场联合反恐军事演习。演习的内容是通过联合行动，封锁和摧毁山区非法武装人员、提升反恐实战技能。2017年10月，在独联体国家首脑会议上，米尔济约耶夫表示，乌将积极参与独联体框架下合作，加强与独联体国家军事技术领域合作。“独联体国家是乌天然的伙伴、邻居和朋友，乌决定将独联体国家协调员由副外长级提升至副总理级。”[②]上述一系列举动，意味着乌在安全合作上向独联体框架回摆。

2018年10月，亚美尼亚、哈萨克斯坦、吉尔吉斯斯坦、俄罗斯、塔吉克斯坦和乌兹别克斯坦武装部队举行了“搜索—2018”联合反恐演习。在俄乌专家圆桌会议上，俄方专家强调，“俄乌两国军事部门开展积极互动，形成了共同的行动计划，致

---

① «Внешнеполитическая и внешнеэкономическая деятельность Узбекистана в рамках Стратегии действий на 2017-2021 гг.», 圆桌会议材料 // Международные отношения: междисциплинарный научно-теоретический журнал УМЭД. - 2017. - № 4 (70). - С. 30.

② “Выступление Президента Республики Узбекистан Шавката Мирзиёева на заседании Совета глав государств СНГ”, 2017年10月12日，乌兹别克斯坦总统网站，http://president.uz/ru/lists/view/1132，登录时间：2019年4月26日。

力于维护中亚地区的稳定，在军事安全方面双方合作越来越深入、质量越来越高”。[①]

安全合作的另一个方面是反极端主义。俄罗斯战略研究所中亚问题专家伊波利托夫认为，乌兹别克斯坦是中亚人口最多的国家，地理上占据中亚的中心，相当于“拱门的拱顶石”。乌国家体制稳定、社会安定不仅对保持该地区稳定意义重大，对俄罗斯本身的安全也极为重要。当前，乌俄在维护地区和平与稳定、打击恐怖主义和极端主义、防止大规模杀伤性武器扩散、毒品走私等领域开展了广泛合作。伊波利托夫认为，乌作为地区最积极抵御毒品威胁的国家，是俄罗斯的天然伙伴，也是应

2018年3月31日，米尔济约耶夫总统在吉扎克州考察山区反恐训练场。

① «Внешнеполитическая и внешнеэкономическая деятельность Узбекистана в рамках Стратегии действий на 2017-2021 гг.»，圆桌会议材料 // Международные отношения: междисциплинарный научно-теоретический журнал УМЭД. - 2017. - № 4 (70). - С. 30.

对这一威胁的区域领导者。根据两国领导人达成的共识，2018年5月，俄内政部长卡拉库利采夫访问乌兹别克斯坦，两国签署了2017—2018年乌俄内政部合作备忘录。俄方强调，“该文件旨在打击最危险的国际犯罪类型，应对当前现状。进一步密切两国执法机构的联系，使两国在该领域合作达到新的实际水平”。[①]

其次，经贸合作力度加大。对乌而言，俄是独联体国家中最重要和最大的市场；对俄而言，乌人口超过3300万，占中亚人口近二分之一，是中亚地区最大的市场。为推动乌兹别克斯坦与俄罗斯的务实合作，双方在经贸、政治和人文及安全领域制定了“路线图”，乌俄政府、议会和企业界之间的互动愈发活跃，地方政府间也开始建立联系。

乌方学者认为，两国经贸合作不是权宜之计，经贸合作的趋势显然是互利的、长期的。因此，当前双边关系的扩展和深化有助于推动落实乌推行的经济自由化政策，扫除此前的俄方合作伙伴在乌市场遭遇的重重障碍。米尔济约耶夫对外合作的一大重心是经贸和投资。与俄罗斯的合作也充分体现了这一点。俄罗斯在乌兹别克斯坦的企业数量位居首位。截至2019年4月1日，乌外企总数8280家，在乌俄企1532家，排名第一；中企1222家，排名第二。俄对乌的投资已经超过85亿美元。2018年，乌兹别克斯坦外贸总额338.15亿美元，同比增长27.3%。其中，乌中贸易额约64.28亿美元，占乌对外贸易额的19%，排名第一；乌俄贸易额约57.31亿美元，同比增长21.2%，占乌外贸

① “Президент Узбекистана принял главу МВД РФ”，乌兹别克斯坦日报网，https://www.uzdaily.uz/articles-id-32664.htm，登录时间：2018年5月23日。

2018年9月27—28日，米尔济约耶夫总统在杜尚别参加独联体国家元首理事会会议。

总额的16.9%。[①] 根据乌俄两国元首确定的目标，未来几年要把两国贸易额提升至100亿美元。

为深化俄乌经贸合作，2018年10月，俄总统普京对乌进行国事访问，双方签署的经贸和投资协议总额高达270亿美元。在塔什干举行的首届地方论坛签署了20多亿美元的合作协议。米尔济约耶夫时期，乌俄合作从能源拓展到全领域合作。2018年6月9日，米尔济约耶夫在青岛峰会期间对普京总统表示，“乌方与俄所有公司在所有领域的合作都秉持互信、严肃、具体的原则。一年前，油气几乎是两国唯一合作领域，而现在，俄乌之间找不到没有开展合作的领域”。根据两国元首达成共识，俄方将在乌兹别克斯坦新设立70多家合资企业。如，俄罗斯的罗斯托夫、卡玛斯、欧洲水泥集团等公司将进一步加大对乌投资，建设多家水泥厂。俄罗斯 Promtractor 公司将在乌生产拖拉机和重型机械。乌里扬诺夫斯克汽车厂汽车在乌的装配问题也在讨论中。

在乌俄经贸合作中，值得关注的是以下几个领域：

农业。主要是乌兹别克斯坦对俄水果蔬菜的出口。2017年4月，米尔济约耶夫访俄期间，双方就达成了开通农产品“绿色通道”的协议。俄罗斯成为乌兹别克斯坦农产品的重要出口市场。

核电。这是2018年10月普京访乌最重大的成果。2017年年底，俄罗斯国家原子能公司与乌兹别克斯坦签署了核能合作协

---

① “2018年乌中贸易额64.28亿美元”，中国驻乌兹别克斯坦商务参赞处网站，http://uz.mofcom.gov.cn/article/jmxw/201901/20190102829465.shtml，2019年1月23日，登录时间：2019年4月26日。

议，俄将与乌方开展核电站建设、核反应堆研究以及技术人员培训等合作。2018年10月19日，乌兹别克斯坦举行首座核电站选址启动仪式，米尔济约耶夫与普京共同出席。该核电站将由俄罗斯国家原子能公司提供技术支持，装机容量为2300兆瓦，拟于2028年建成投产，年发电总量将达189亿千瓦时，可满足乌兹别克斯坦20%的电力供应。工程造价为110亿美元，每年将节省37亿立方米天然气。该核电站将成为中亚地区首个投入使用的核电站。2019年2月9日，米尔济约耶夫签署总统令，批准《乌兹别克斯坦至2029年原子能发展规划》。乌方对该核电站建设以及乌俄核能合作寄予厚望。俄科学院市场问题研究所首席研究员季亚杜拉耶夫认为，乌总统米尔济约耶夫决意振兴本国核工业。苏联时期，塔什干核物理研究所是行业翘楚。现在俄方将协助乌方恢复其实力。

劳动移民。乌兹别克斯坦在俄罗斯的劳动移民数量每年约200万人。根据俄罗斯内务部移民局的数据，2018年1—12月，以工作为目的的乌兹别克斯坦入境者为200.7万人。[①] 与劳动移民相关的是侨汇收入。多年来，乌自俄罗斯转入的侨汇一直是各国中最多的。据俄罗斯央行数据，2017年，乌自俄侨汇收入39.02亿美元，居独联体国家首位，同比增长42.4%。2017年4月，米尔济约耶夫访俄，其中一个重要成果是与俄罗斯签署了关于劳动移民的文件。2018年侨汇收入40.82亿美元，略有

① “Отдельные показатели миграционной ситуации в Российской Федерации за январь - декабрь 2018 года с распределением по странам и регионам”，俄罗斯内务部网站，https://мвд.рф/Deljatelnost/statistics/migracionnaya/item/15851053/，登录时间：2019年1月24日。

2018年10月19日，米尔济约耶夫总统与俄罗斯总统普京启动核电站奠基仪式。

增长。[1]

发展数字经济。乌方学者认为，乌俄两国几乎同时着手实施在国家重要产业中引入信息技术的计划，同步性意味着两国有巨大的合作空间。2018年，俄批准了数字经济政府规划并制定了三年的行动计划。乌在该领域已经取得了一些成绩：新设立了创新中心，提供了前所未有的税收优惠；电子政府提供服务的水平迅猛发展，2017年，共有160万公民通过虚拟接待室向总统提问。此外，税务报表和海关手续100%电子化，通过互联网创建的电子登记系统将创业时间缩短到最短30分钟。

再次，以教育等人文合作为抓手，俄加大在乌的软实力建设。目前，乌在俄学习的学生人数超过2.1万人（占俄外国学生总数的8.6%）。乌兹别克斯坦申请俄大学的人数在独联体国家中排名第一。塔什干的俄罗斯知名大学分校也受到乌学生的高度关注，其中包括莫斯科国立大学、俄罗斯国立石油和天然气大学、俄罗斯经济学院等。这些高等教育机构的学生人数已超过2000人。为满足乌青年获得俄式教育的愿望，2018年乌俄商定，将在乌兹别克斯坦设立莫斯科钢铁和冶金学院、莫斯科国立技术大学、莫斯科第一国立医科大学、莫斯科建筑大学、俄罗斯理工大学的分支机构。2018年10月，乌俄举办了教育合作论坛，准备实施旅游和教育领域的合作计划。

① “Трансграничные переводы физических лиц по основным странам-контрагентам”，俄罗斯央行网站，http://www.cbr.ru/statistics/?Prtid=svs&ch=Par_17101#CheckedItem，登录时间：2019年4月14日。

结 语

在美国加强与乌兹别克斯坦为核心中亚国家合作的大背景下，俄罗斯无疑加强了在中亚的经济、军事存在。乌兹别克斯坦是俄罗斯“守住南大门”、防止“三股势力”渗透、防范美国西方搞“颜色革命”的重要伙伴，其在俄罗斯外交中的地位上升，也意味着乌俄关系处在一个上升期。两国关系的特征“战略伙伴和准联盟”，这是一个客观的现实。但乌兹别克斯坦历来有外交“三原则”，包括不加入任何军事同盟，这一点在米尔济约耶夫时代并无根本改变，乌既不准备加入集体安全条约组织，也没有迹象表明要加入欧亚经济联盟。乌俄的“联盟”关系实质是互利的务实合作关系，并非真正的军事和经济同盟。

乌兹别克斯坦经济改革政策评析

【摘要】乌兹别克斯坦是经济转轨国家，也是后苏联地区经济基础较好的国家。自独立以来，乌兹别克斯坦推行渐进式经济改革，实现了经济平稳发展。米尔济约耶夫总统执政后，新政府大力调整经济结构，加强社会基础设施建设和工业现代化改造，改善营商环境，积极吸引外资，取得初步效果。米尔济约耶夫领导的改革具有鲜明的自由化和现代化特征，可望带领乌兹别克斯坦进入转型的新时期。政治稳定是确保改革顺利进行的根本保证，而民众的满意度也提升了米尔济约耶夫总统和新政府的威望。“一带一路”倡议在中亚地区不断推进，不论是在双边还是多边框架下，中国与改革中的乌兹别克斯坦将获得更为广阔的合作空间。

【关键词】乌兹别克斯坦　米尔济约耶夫　经济政策　改革与开放

【作者】吴宏伟，中国社会科学院俄罗斯东欧中亚研究所研究员；丁超，中国社会科学院俄罗斯东欧中亚研究所博士研究生。

一、改革背景下的乌兹别克斯坦宏观经济形势

米尔济约耶夫总统执政后，开始推行全方位的政治、经济和社会改革。谨慎、务实又不失坚定地推进经济体制转型，加快市场开放，增强经济活力，这是米尔济约耶夫经济改革的主旋律。[①] 2017年2月，米尔济约耶夫签发总统令，批准了《乌兹别克斯坦国家发展五大优先方向行动战略（2017—2021年）》。行动战略包含的五个优先发展方向分别为：完善国家治理体系；确保法制，深化司法制度改革；推动经济自由化发展；促进社会领域发展；保障国家安全、种族和睦、宗教宽容，推行平衡、互利和建设性的对外政策。

其中，经济发展和自由化内容有：（1）确保宏观经济稳定，保持经济高速增长，降低税负并简化税制，发展国际合作。（2）通过深化结构改革，推动主要经济部门的现代化和多元化，逐步提升国民经济的竞争力。（3）促进农业的现代化和集约化发展。（4）继续推进制度性和结构性改革，旨在降低国家在经济中的参与度，强化私有产权的保护和优先地位，刺激中小企业和私营企业的发展。（5）全面协调地区和城乡社会经济发展，开发并有效利用资源潜力。[②]

需要指出的是，任何改革政策的实施都很难在短期内对一国的宏观经济运行产生实质性的影响。因此，改革政策的制定

① 韩隽、艾丽菲热："艾斯卡尔.米尔济约耶夫主政的乌兹别克斯坦：变革还是沿袭？"新疆大学学报（哲学·人文社会科学版），2017年第5期。

② Президент утвердил Стратегию действий по развитию Узбекистана, https://www.gazeta.uz/ru/2017/02/07/strategy，登录时间：2019年4月12日。

应更着眼于未来，改革效果也更需要长时期的观察才能确定。

（一）经济增长

从支出的角度来看，国内消费是乌兹别克斯坦经济增长的最主要动力。在未来一段时期内，政府支出及其对民间资本和外国资本的导向作用，虽不会改变消费为主的经济增长模式，但可能在一定程度上拉动工业（尤其是制造业）的发展，从而使其在GDP构成中所占的比例有所提升，实现乌兹别克斯坦产业结构的优化升级。根据乌国家统计委员会数据，2018年乌兹别克斯坦GDP为407.5万亿苏姆，同比增长5.3%，人均GDP约1236.6万苏姆，增长3.3%。其中，农业产值132万亿苏姆，占比32.4%，同比下降1.6个百分点；工业产值130.4万亿苏姆，占32%，上升4.1个百分点；服务业产值145.1万亿苏姆，占比35.6%，下降2.5个百分点。从各产业对GDP增长的贡献度来看，制造业（冶金和金属加工业）在增加值中占最大比重24.5%，食品、饮料和烟草生产占17.0%，纺织品、服装、皮革及相关产品占16.1%，橡胶、塑料制品和其他非金属矿产品占11.3%，化学产品占9.2%，汽车、拖车和其他运输设备占7.4%，电气设备占3.5%，其他制成品占11.0%。① 工业制成品本地化生产规划也促进了工业产值的进一步提高。在该规划框架内，2018年共实施了价值150万亿苏姆的714个项目，本地化产品出口4.58亿美元，创造了1092个新的就业岗位。

国际组织对2019年乌兹别克斯坦经济增长的预期不断向好

① https://stat.uz/ru/433-analiticheskie-materialy-ru/index.php?option=com_content&view=article&id=2780&catid=183&lang=ru-RU，登录时间：2019年4月11日。

2018年5月19日，米尔济约耶夫总统考察安集延州的纺织企业。

（国际货币基金组织将其预期从5%提高到5.5%，2020年预期为6%）。经济增长提速与持续增加的大规模投资后续效应有关，2018年投资属性商品进口达75亿美元，与上年相比增加30余亿美元。2018年乌兹别克斯坦固定资本投资同比增长了18.1%。其中，政府融资占到32.1%，主要通过国家专项基金拨款，其融资同比增长了70.6%；私人投资达728846亿苏姆，与2017年相比，其占投资总额的比重上升了近9个百分点，主要来自于企业资金（28%）、商业银行贷款（14.9%）、外国直接投资（13.7%）和居民存款（11.3%）。2019年为乌兹别克斯坦“积极投资和社会发展年”，乌政府将在一年内实施169万亿苏姆（203.6亿美元）和81亿美元的项目。与此同时，乌政府将在2019年6月1日前制定“乌中期远景投资战略”，视各地区发展现状确定优先引资方向。还将建立法定资本为10亿美元的直接投资基金，以更好拉动国内投资。米尔济约耶夫总统指出，2021年前乌经济增长的动力来自于五个重要行业——纺织工业、工业建筑材料生产、果蔬供给、制药和旅游业。[①]

（二）财政收支

乌兹别克斯坦近年来财政收入和财政支出保持相对稳定，收支基本平衡。受俄罗斯经济持续衰退、出口商品价格低迷等外部因素影响，乌兹别克斯坦财政收入增长承压，政府在基础设施建设和社会公共开支等方面需持续投入，财政盈余目标实现难度加大。但油气开采量和出口量增加，2017年略有盈余。得益于国家规划的有效实施和居民收入的稳定增长（29.1%，可支配收入同比增长7.3%），2018年乌财政收支情况表现好于预期。乌财政部数据显示，2018年预期财政收支分别为622295亿苏姆和621700亿苏姆，财政盈余595亿苏姆；而实际情况明显更好：财政收入790991亿苏姆，支出789326亿苏姆，盈余1665亿苏姆，达到预期的近3倍。[②] 从财政支出的角度来看，未来乌兹别克斯坦国家预算将更多地用于民生支出，以维护社会稳定和提高居民的社会保障程度，为改革提供一个良好的环境。根据世界银行发布的《2019年全球幸福指数报告》，乌兹别克斯坦排名第41位，是独联体地区幸福指数最高的国家，比2018年上升3位。

---

① Виктория Панфилова . Пять шагов Шавката Мирзиёева. Узбекистан начинает жить по новой Стратегии развития，http://www.ng.ru/cis/2017-02-09/6_6924_uzbekistan.html，登录时间：2019年4月19日。

② https://openbudget.uz/#/

2018年8月10日，米尔济约耶夫总统在塔什干了解新住房建设进展情况。

独立后，乌兹别克斯坦对于国家债务增长一直保持较为谨慎的态度。国家负债程度仅占到国民收入的三分之一左右，远低于国际警戒线，对国外资金的依赖程度较低，且短期外债较少，债务的偿还能力相对较高。但随着改革的不断推进，大型项目实施需要配备大量的资金，致使近一两年乌兹别克斯坦债务规模总体走高，这种态势预计将持续到2020年。据乌央行最新数据，截至2019年1月1日，乌外债总额约173亿美元，同比增长9.5%。外债中，国家债务占53%，约100.9亿美元，同比增长33.3%；私人债务约72.1亿美元，占47%，同比减少9.77亿美元。自2016年起，乌私债偿还已然超过借贷金额。

长期以来，乌兹别克斯坦财政制度的发展较为滞后。直到2017年2月，总统米尔济约耶夫签署《乌兹别克斯坦国家发展五大优先方向行动战略（2017—2021年）》，首次对财政制度的改革提出了新的要求：国家规划的实施需要明确的资金支持，而资金使用的效率更是确保其顺利推进的可靠保证。但《战略》指明了未来五年国家发展的主要方向和着力点，却未能作出具体的融资安排（包括融资规模和来源），而通过制定年度规划的方式来确定该年度改革措施、期限及部分融资情况，也反映了国家政策的不确定性，缺乏连续性。[①]为此，从2019年开始，乌政府将通过批准未来一年国家预算和未来两年预算目标的方式，实行中期预算规划。

乌兹别克斯坦税制实行属地原则，主要税赋种类包括法人利润税、法人财产税、增值税、消费税、公共事业和社会基础设施发展税、道路基金、退休基金、中小学教育基金扣款等。税法制度健全，但税负水平相对较高。根据米尔济约耶夫总统批准的税收政策构想，自2019年起：降低税赋，对自然人统一征收12%的所得税，取消公民养老保险缴费（工资的8%），法人社会统一缴费比例由15%降至12%；取消法人对国家信托基金的缴费义务（原收费比例为收入的3.2%）；降低部分税种税率，包括，法人利润税由14%降至12%，商业银行利润税由22%降至20%，股息和红利税由10%降至5%，法人财产税由5%降至2%。2019年社会补贴预算将提高20%。[②]

① ГОСУДАРСТВЕННАЯ ПРОГРАММА по реализации Стратегии действий по пяти приоритетным направлениям развития Республики Узбекистан в 2017–2021 годах в «Год поддержки активного предпринимательства, инновационных идей и технологий», http://strategy.uz/davlat-dasturi，登录时间：2019年4月19日。

② “乌兹别克斯坦内阁召开扩大会议讨论2019年财税和预算工作”，中国驻乌兹别克斯坦大使馆商务参赞处网站，http://uz.mofcom.gov.cn/article/jmxw/201811/20181102803767.shtml，登录时间：2019年4月20日。

（三）货币金融

近年来，为推动经济增长，乌兹别克斯坦实行宽松的货币政策，货币市场利率持续下降，2016年为9%左右。与此同时，通货膨胀率显著上升。2015年和2016年，乌官方统计的通货膨胀率分别为5.6%和5.7%。国际货币基金组织等机构认为实际通货膨胀水平要高于官方统计数据，常年保持在11.5%左右，且未来呈加速上行之势。高水平的通货膨胀率导致乌兹别克斯坦经济体系中贷款总量高速增长以及苏姆不断贬值。2018年，乌全年通货膨胀率为14.3%。其中，食品类商品价格平均上涨14.9%，非食品类12.5%，服务类15.8%。虽然有挤水分的原因，但更多的是凸显了改革对于经济造成的冲击。

为稳定货币金融市场，乌央行开始实行紧缩性货币政策。2017年6月，乌央行宣布，为控制屡创新高的通货膨胀率，将大幅提高再融资利率，由9%提高到14%。2018年9月，乌再次将利率提高两个百分点，至16%。此次上调利率创造了两个记录：其一，这是乌自1995年以来首次对利率进行两连涨；其二，这是2017年以来乌首次成为中亚地区基准利率最高的国家。[①] 与此同时，央行也对货币量进行了控制，以9月为分界点，无论是货币总量，还是流通中的货币量，均呈现出先升后降的态势。提高基准利率，控制流通中的货币量，成为乌兹别克斯坦央行抑制通货膨胀的两大重要举措。

乌兹别克斯坦汇率制度几经演变。目前按照国际货币基金

① 孙力主编：《中亚国家发展报告（2019）》，北京：社会科学文献出版社，第297页。

组织的分类，乌兹别克斯坦的汇率制度属于有管理的浮动汇率制度。2017年9月，乌总统签署了《货币政策自由化首要实施细则》，全面取消外汇兑换管制政策，允许居民从银行购买外汇现金。汇率市场化改革覆盖了乌外汇操作的全流程，对制约外汇自由流动的不利因素进行修正，有助于形成外汇从商品交易到外汇与本币的结算、再回到银行业体系的良性循环，提升了外汇使用效率。受高通货膨胀等因素影响，乌苏姆兑换美元官方汇率持续贬值，汇率下行压力不断加大。根据央行公布的数据，自2017年9月以来，官方汇率呈波动下降态势，尤其是2018年7月之后至今，继续贬值了近7%。

值得一提的是，国际信用评级机构惠誉国际和标准普尔将乌列入各自的主权信用评级体系，两大机构均将乌长期外币和本币主权债务评级列为“BB–”，短期外币和本币主权债务评级列为“B”，长期评级展望为稳定。乌历史上首次获得主权信用评级，得到国际债券市场认可，为进一步发行主权债券奠定了基础。根据《2019年乌国家预算主要宏观经济指标参数和2020—2021年国家预算预测》，乌首个国家主权债券总额将不少于5亿美元，发行期拟为5年或以上，实行固定利率，确认摩根大通银行、德意志银行、花旗银行、俄天然气工业银行为乌主权债券国际债券市场承发银行。米尔济约耶夫总统还提出，要将塔什干建设成为中亚地区金融中心，在此基础上，塔什干将成为中亚地区首个获得评级的城市。

截至目前，在塔什干市共注册有5000多家外国合资和独资企业，仅2018年注册数量就达1500多家，远超此前平均每年300—400家的注册水平。

2019年4月25日，米尔济约耶夫总统在北京参加第二届国际合作高峰论坛期间，与国际货币基金组织总裁克里斯蒂娜·拉加德女士会见。

（四）国际收支

乌兹别克斯坦经济改革引致的风险，不仅体现在通货膨胀水平的居高不下，以及国际收支的持续逆差。无论是经常账户，还是金融账户，2018年均出现了逆差现象。2017年乌兹别克斯坦经常账户盈余14.80亿美元，2018年逆差35.77亿美元；2017年金融账户逆差1.88亿美元，2018年逆差28.10亿美元。根据俄罗斯央行公布的数据，随着俄经济形势转好，2018年乌兹别克斯坦在俄侨汇收入增至40.82亿美元，一定程度上缓解了国际收支的失衡。

有赖于能源出口收入、外出劳工汇款流入、外汇管制，以及关税及非关税贸易壁垒，乌兹别克斯坦在2015年之前常年保持贸易顺差。但受国际大宗商品价格下跌和俄罗斯经济衰退影响，2015年乌兹别克斯坦开始出现贸易逆差，主要表现为服务贸易的逆差。2018年，乌外贸总额338.15亿美元，同比增长27.3%，其中，出口约142.58亿美元，增长13.6%，进口195.57亿美元，增长39.6%，贸易逆差52.99亿美元。其中，乌中贸易额约64.28亿美元，同比增长35.2%，占乌外贸总额的19%，中国继续保持乌第一大贸易伙伴国地位，也是乌第一大出口目的地国和第一大进口来源国，2018年中方贸易顺差约6.9亿美元。乌其他贸易伙伴分别为：俄罗斯，约57.31亿美元，同比增长21.2%，占乌外贸总额的16.9%；哈萨克斯坦，约30.23亿美元，增长47%，占比8.9%；土耳其，约21.72亿美元，增长39.9%，占比6.4%；韩国，21.37亿美元，增长54%，占比6.3%。

从出口结构来看，服务出口占比最高，为21.3%，主要是运

2018年11月20日，米尔济约耶夫总统了解塔什干国际商务中心建设进度。

输和旅游服务，分别占服务出口的55.4%和34.4%；能源和石油产品次之，占到18.7%；由于乌兹别克斯坦不断调整农业结构，减少棉花种植，使得棉制品出口同比降低了50%以上，而果蔬等食品出口则与之相反。从进口结构来看，机械设备进口占到了42.5%，同比增长了65%；化学制品居第二，仅占13.1%。从对外贸易的商品结构来看，乌兹别克斯坦出口多样性指数处于0.7—0.8之间，对特定产品出口的依赖程度较高；进口多样性指数在0.40—0.45之间，稍低于出口多样性指数，说明其在进口商品种类和来源上，尚未形成高度依赖。未来随着生产本地化政策的继续推进，该状况可能得到进一步缓解。在鼓励出口方面，总统米尔济约耶夫签发了《关于采取措施进一步促进本国生产者出口潜力的法令》，向本国出口商提供税收优惠。根据法令，自2019年1月1日起，出口收入占总收入超过15%的法人，其法人利润税、统一所得税纳税税基将减少，但原材料出口商、国际运输服务商（公路运输除外）和天然气管道运输商将不享受上述优惠。同时，乌兹别克斯坦商品和服务出口还应注重结构调整，避免对特定商品和单一市场的过度依赖。

二、基于乌兹别克斯坦经济改革政策的思考

乌兹别克斯坦政府的改革不仅对于乌兹别克斯坦，对整个中亚地区的未来都有着极其深远的影响。经济改革是乌全方位改革的核心，是关系改革命运的关键环节。应该说，虽然改革力度和决心都很强，但其并未突破原有的经济运行模式和框架。有学者指出，米尔济约耶夫对旧模式实行大刀阔斧的改革，其关键在于他对稳定和发展两者关系的看法与前任不同，更加强调发展的迫切性和内外部威胁的可控性。其改革不是对以前模式的否定，而是完善和改良；不是盲目的自由化改革，而是全方位的现代化改革。[①]

纵观乌兹别克斯坦独立后的经济发展，其经济增长出现了一个明显的动力转换过程：实现了由外需拉动向内需拉动的转换。GDP构成中，国内消费占据绝对的优势地位，私人投资占比呈现波动上升态势，在部分年份对经济增长起到了重要的拉动作用。投资带动生产规模的扩大，从而提高居民的可支配收

① 孙力主编:《中亚国家发展报告(2019)》，北京：社会科学文献出版社，第88页。

入，使经济进入“生产发展—消费增长”的良性循环。可以说，与其他中亚国家相比，在前总统卡里莫夫治下的乌兹别克斯坦，经济增长虽稳定且速度较快，但由于其经济的内向性和封闭性，无论是外部投资和对外举债，对其增长的影响均较小。有研究显示，外国直接投资对于乌兹别克斯坦GDP的长期弹性仅为0.04，也就是说，外国直接投资每增加1%，会带动GDP增长0.04%，而其他中亚国家，如哈萨克斯坦和土库曼斯坦，该弹性分别为0.48和0.19。此外，乌兹别克斯坦经济结构单一，主要依赖天然气、棉花、黄金等初级产品出口，工业基础较为薄弱。

可见，新政府改革之前乌兹别克斯坦的经济转型已进入瓶颈期。新经济增长点的缺失、传统工业生产能力的脆弱和出口产品结构的单一，都使得乌兹别克斯坦经济增长比较缓慢。在该经济模式下，无论如何发展与外部的经济联系，都很难实现经济的高速增长，以及产业结构的优化升级。外贸、外资和外债在乌经济增长中所起的作用有限。重新思考改革与开放之间的关系，从根本上消除限制开放的制度因素，成为乌兹别克斯坦的必然选择。为此，乌兹别克斯坦加速私有化和自由化的改革力度，调整部门结构和机构设置，强调对外经济合作，等等。各项改革政策和措施相互配合，确保改革的持续推进。可以说，2018年成为乌兹别克斯坦深化经济改革、扩大对外开放的一年。2019年随着乌兹别克斯坦政治结构的逐渐稳定，其经济改革将继续披荆斩棘，向前推进。

诚然，改革也必然会带来一定的风险，如仍居高不下的通货膨胀率。未来一个阶段高通胀压力可能成为乌兹别克斯坦经济发展的“新常态”。从目前的情况来看，乌兹别克斯坦央行所采取的措施，包括提高基准利率、缩减流通中的货币量等，尚未能明显地抑制通货膨胀的蔓延，尤其是与居民生活息息相关的食品价格的上涨。但值得肯定的是，随着更多资本进入、生产规模扩大、企业效益提高、居民可支配收入增长，提高的部分物价可能重新被吸收。此外，还应考虑到贸易开放可能带来的分配冲突，包括熟练工人和非熟练工人回报的差异、农村和城市地区的发展、就业现状和前景等。有研究显示，乌兹别克斯坦贸易开放度（对外依存度）与产出之间基本呈负相关，即对外依存度越高，产出的波动越低，增长越平稳；而对外依存度与三产业就业情况的相关性各异：与农业和工业呈正相关，即对外依存度越高，就业波动越大；与服务业呈负相关，即对外依存度越高，就业波动越小。当然，这只能反映贸易开放度对三产业的影响情况，是否为正向的积极影响，还有待深入探究。

得益于与中亚区域国家频繁的高层交往，乌兹别克斯坦与周边邻国诸如跨境水资源利用、国界勘定之类问题开始逐步得到妥善解决，特别是与吉尔吉斯斯坦、塔吉克斯坦的勘界划界工作取得重大进展。另一方面，乌全面积极参与联合国、独联体、上海合作组织等国际组织框架下多、双边合作，取得显著成绩。重启与各国际机构之间的联系，在更大的范围内引入国际标准。此外，社会稳定、居民收入增长也为新政府的可持续性奠定了广泛的物质和群众基础。未来，随着“一带一路”与乌兹别克斯坦发展战略对接取得实质性进展，中亚国家经济合作进一步加强，上合组织扩员磨合期平稳过渡，与世界经济联系更加密切，乌兹别克斯坦将在陆路和海路两个方向突破地缘经济局限。在此背景下，乌兹别克斯坦继续扩大经济对外开放程度，同时进一步加强内部经济体系改革，不仅恰逢其时，更是前景可期。

乌兹别克斯坦阿富汗政策新动向

【摘要】阿富汗问题是关乎整个地区稳定的关键因素。乌兹别克斯坦作为阿富汗的邻国，一直关注和关心阿富汗的和平进程。2018年3月，乌兹别克斯坦开启了塔什干阿富汗和平进程，是乌兹别克斯坦主动参与阿富汗进程的一个重要标志。会议取得良好效果，得到国际社会的广泛认可，提升了乌兹别克斯坦的国际和地区地位。阿富汗问题是地区稳定与繁荣的重要条件，事关乌兹别克斯坦的经济发展和稳定，乌会不遗余力地积极推动阿富汗和平进程与重建。

【关键词】乌兹别克斯坦　阿富汗　和平进程

【作者】石泽，中国国际问题研究院研究员；李琰，中国国际问题研究院研究实习员。

阿富汗地处战略要津，是欧亚中心地带的重要国家。长期以来，久拖未决的阿富汗冲突始终是困扰中亚和周边地区稳定和发展的死结。近年来，伴随着阿富汗形势的日趋恶化，阿政局失控的危险再次引起国际社会的广泛关注和担忧。乌兹别克斯坦作为中亚地区的重要国家和阿富汗的邻国，对阿政策自然成为其对外政策的优先方向。

一、当前阿富汗面临的国内外形势及其影响

（一）国内的政治和安全危机加剧

阿富汗北部省份的武装对峙扩大，局势更加紧张。一方面，据阿富汗方面统计，目前阿有22个激进极端主义和恐怖主义组织，多达9.5万人活跃在其境内。截至2018年年初，阿富汗407个县中有229个县处于政府的控制下，59个县由塔利班控制，剩余的119个县处于不确定状态。[①] 另一方面，由于阿富汗安全部队战斗力有限，组织松懈，政府一直以来难以把控形势。议会选举过程中遭受了多达数百起袭击（据阿内务部统计袭击事件为192起，而据塔利班统计为407起）。这表明阿富汗政府的脆弱性以及其安全部队没有足够能力应对威胁和挑战。上述两方面的原因使阿富汗政局越来越陷入长期动荡的战争状态。

战乱中死伤的平民数量迅速增加。仅2018年1月到9月阿富

① Доклад: талибам удалось взять под свой контроль большее число районов в Афганистане, https://tass.ru/mezhdunarodnaya-panorama/5171498，登录时间：2019年3月28日。

汗境内战乱已使2798名公民死亡、5252名公民受伤。[①] 阿境内大多数致命性袭击事件发生在中部地区（占19.8%）、东部地区（占16.6%）、西部地区（占11.8%）、西南地区（占9%）、南部地区（6.7%）和东北地区（4.1%）。

同时，域外势力在阿富汗问题上利益错综复杂，地缘政治抗衡日趋激烈，尤其是美为代表的域外力量加快推动自己与塔利班的谈判进程，实际上阿政府已被隔绝在谈判进程之外，实现阿内部政治对话的前景变得更不确定。加之塔利班势力内部分化，极端势力反对与政府和谈，不断挑起武装冲突。这些都使得阿富汗危机的调解前景变得渺茫不定。

（二）阿富汗复杂的军事政治状况给国内社会经济带来严重的负面影响

据亚洲开发银行预测，2018—2019年阿富汗的GDP增速将由2016年的2.4%、2017年的2.5%下降至2%。这意味着喀布尔政府在未来无法创造充足的就业岗位和承担用于社会和经济发展的投入。当前，阿富汗居民中约有1600万人处于贫困水平，占比为54%，而2015年这一数字是38%。[②] 教育方面更是捉襟见肘，根据联合国科教文组织的数据，阿富汗约有370万学龄儿童无法入学，占比为44%。

由于80%的阿居民收入依赖农业生产，持续干旱和灌溉设

① В 2018 г. в Афганистане погибло и ранено более 8 тыс. мирных жителей，https://crss.uz/2018/10/11/v-2018-godu-boevye-dejstviya-v-afganistane-priveli-k-gibeli-i-raneniyam-bolee-8-tysyach-mirnyx-zhitelej/，登录时间：2019年3月28日。

② Более 50% населения Афганистана проживает за чертой бедности，http://afghanistan.ru/doc/120502.html，登录时间：2019年4月2日。

施的破损已导致灌溉用水极为短缺，阿富汗困难的经济状况更是雪上加霜。2018年34个省份有22个面临灌溉用水不足的情况。[①]

在安全和社会经济状况处在危机的背景下，农民无法通过合法途径养家糊口，只得以种植和贩运毒品为生，造成了毒品生产规模扩大。2017年毒品产量为9000吨，增长了2倍。[②]

（三）阿富汗国内危机的加剧将给周边邻国乃至整个中亚地区的安全带来以下现实威胁

1. 为数众多的恐怖主义分子逃窜至阿富汗，尤其是从叙利亚等热点地区被击溃的恐怖势力已逐渐在阿富汗境内集结，加剧了阿富汗与周边及中亚国家边界的紧张程度。

2. 在阿富汗边境的武装分子向周围地区渗透，加大了地区国家面临来自阿富汗的安全压力。

3. 域外国家更积极尝试利用阿富汗问题追求和实现自己在中亚的战略目的或企图，地缘政治对抗强化，给整个地区带来军事化和失控的风险。

4. 区域国家极端化，宗教化水平提高，灌输与中亚国家不同的伊斯兰教义。发展和培养中亚国家潜在的极端主义分子并同阿富汗的极端恐怖势力形成合流。

5. 毒品生产规模难以遏制，其他形式的跨境犯罪也更为猖獗，给中亚及地区国家的内部政治和经济发展进程带来空前的负面效应。

---

① Две трети провинций Афганистана оказались в тяжелой ситуации из-за засухи, https://www.fergananews.com/news.php?id=31068，登录时间：2019年4月2日。

② Доклад РАН: производство героина в Афганистане выросло почти в 3 раза, https://tj.sputniknews.ru/asia/20180324/1025118009/afganistan-narkotiki-opium.html.

二、乌兹别克斯坦对解决阿富汗冲突的认知和主张

乌方认为，必须清醒、充分地评估目前阿面临的危机局面。联合有关各方积极探寻解决阿富汗困局的路径，需要考虑以下因素：

1. 40年来国际社会的努力结果令人信服地表明，通过军事手段无法解决阿富汗问题。前美国总统国家安全助理布热津斯基多次表示，“仅靠增加部队人数无法解决阿富汗问题（恐怖主义）”。[①]

乌总统米尔济约耶夫在第72届联合国大会上的演讲中提到，唯有中央政府和国内主要政治力量之间进行不设前提的直接对话，方能为实现阿富汗和平奠定基础。阿各派对话应在阿富汗人主导下和联合国框架内，在阿富汗领土进行，智慧的阿富汗民族有权自主决定自己的命运。

“与此同时，如果反对派参与和平谈判并实现民族和解，那么也应该创造一切条件，使其融入阿富汗的政治生活。”[②]根据美国著名的阿富汗问题专家鲁宾的说法，“在解决阿富汗冲突时，有关国家和国际组织在行动战略选择方面犯了很多错误，没有考虑到该国历史和政治文化的特殊性”。[③]

① Бжезинский – Обаме: не нужно повторять ошибки СССР в Афганистане，http://afghanistan.ru/doc/12592.html，登录时间：2019年4月6日。

② Президент Узбекистана Шавкат Мирзиёев выступил на 72-й сессии Генеральной Ассамблеи ООН, http://uza.uz/ru/politics/prezident-uzbekistana-shavkat-mirziyeev-vystupil-na-72-y-ses-20-09-2017，登录时间：2019年4月6日。

③ Rubin D/Afghanistan from the Cold War through the War on terror. – Oxford University Press, 2013.

2. 阿富汗冲突已完全国际化，其内容和结构均发生了实质性变化。鉴于此，除了实现阿富汗内部协调一致外，必须确保在区域层面也达成坚定共识，并在区域外参与者之间制定共同方案来拉近立场。与此同时，应协调相关各方的努力，使其互相补充，而不是相互取代。为实现和平，首先应在区域和全球层面通过一项统一的、协调一致的综合方案，其中囊括调解的基本原则和机制，以及国际社会为促进阿富汗民族和解进程采取的具体措施，并将这一方案贯彻落实。[①]

3. 在政治解决的同时，稳定阿富汗局势的另一个重要手段是使阿富汗参与到世界经济关系网络中，包括与中亚各国的经济联系。阿富汗位于中亚、南亚、中东要冲，得天独厚的区位优势和丰富的资源储藏孕育着巨大的发展潜力。与此同时，我们不应仅仅将阿富汗冲突视为挑战，也应化“危”为“机”，将解决阿富汗问题视其为推动地区互利合作的新机遇。据专家评估，阿富汗的水电资源储藏量为2.3万兆瓦。同时该国消费1600兆瓦电力，只生产600兆瓦。阿富汗的水径流量每年750亿立方米，其中18%来自地下水。[②]阿富汗拥有相当丰富的矿产资源，其价值被估算为1万亿到3万亿美元不等。据美国五角大楼估计，仅锂矿储藏的价值就多达600亿美元。一些专家指出，阿富汗未来甚至能与锂矿生产巨头秘鲁（750万吨）、阿根廷（640

---

① Выступление Президента Республики Узбекистан Шавката Мирзиёева на международной конференции по Афганистану: «Мирный процесс, сотрудничество в сфере безопасности и региональное взаимодействие», http://uza.uz/ru/politics/vystuplenie-prezidenta-respubliki-uzbekistan-shavkata-mirziye-27-03-2018.

② Эксперты: Афганистан использует только 25% своего водного потенциала, http://afghanistantoday.ru/node/38113.

万吨）、玻利维亚（540万吨）等国家相竞争。[①] 阿富汗处于近东、南亚和中亚等国经贸要道的枢纽，对中亚国家来说阿富汗是通向海路出口的钥匙。上述优势将有助于阿富汗融入地区经济合作进程之中。

乌兹别克斯坦外交部长卡米洛夫在联合国大会第71届会议一般性辩论中指出，“我们不应将阿富汗视为一个问题，而应视为实现区域互利合作新前景的战略机遇。”[②]

应共同努力使阿富汗参与到与邻国的经贸、交通、人文交流体系中，这将为局势正常化和阿富汗恢复和平生活的进程做出重大贡献。最终，阿富汗土地的和平将为这片广阔的欧亚大陆的所有国家开辟新的机会，并将带来真正的好处。因此，乌兹别克斯坦认为加强政治对话、经贸、人文合作是调解阿富汗局势的最有效途径，乌正在采取切实可行的措施加强双边合作。

三、乌兹别克斯坦与阿富汗关系的积极变化及政策举措

受双方建立建设性友好关系的强烈意愿推动，自2017年以来乌兹别克斯坦与阿富汗的关系出现前所未有的新动力并取得长足进展。

政治方面，乌阿双边关系在所有合作领域都明显提质升级。各个层级的互动定期举行，包括国家元首、部长及部门主

① Американские геологи обнаружили богатейшие месторождения металлов в Афганистане, http://afghanistan.ru/doc/17626.html.

② Глава МИД Узбекистана А.Камилов: «Узбекистан сохранит преемственность во внешней политике», https://www.gazeta.uz/ru/2016/09/24/un.

管间的往来空前活跃，有力地拉动了双边关系。

经贸方面，截至2017年年底，乌阿双边贸易额增长了15%，达到近6亿美元。[①] 扩大双边合作的重要举措之一是在喀布尔开设乌兹别克斯坦贸易商行和“乌兹别克贸易”展厅，其中展示了各类乌兹别克斯坦生产的商品。迄今为止，“乌兹别克贸易”公司已经与阿富汗合作伙伴签订了超过2900万美元的合同，为创造更多条件来加强两国之间的合作拓宽了基础。乌兹别克斯坦还在铁尔梅兹建立了包括海关在内的国际物流中心。该物流中心旨在促进两国之间的货物进出口，以及进入欧洲和亚洲市场的过境货物流动。此外，根据达成的协议每年将从乌兹别克斯坦向阿富汗运送30万吨矿物肥料、2000套农业设备、25万吨小麦和其他阿富汗需求的产品。与此同时，双方并不打算止步于此，而是要采取配套措施，在未来几年内力争将双边贸易额提升至15亿美元。

2017年12月阿富汗总统阿什拉夫·加尼对乌兹别克斯坦的访问取得丰硕成果，签署了20份文件和40份总额超过5亿美元的合同。加尼访乌期间，乌兹别克斯坦向阿富汗捐赠了25辆铃木牌公交车和3辆乌国内生产的新荷兰牌现代拖拉机。[②]

基础设施建设方面的重要成果是双方决定修建苏尔汉—普勒胡姆里输电线路和建造马扎里沙里夫—赫拉特铁路。能源领

① Узбекистан и Афганистан в течение ближайших дней подпишут меморандум о геологоразведке, http://podrobno.uz/cat/economic/uzbekistan-i-afganistan-v-techenie-blizhayshikh-dney-podpishut-memorandum-o-geologorazvedke-/.

② Подписано около 20 документов и свыше 40 экспортных контрактов, http://uza.uz/ru/politics/podpisano-20-dokumentov-i-svyshe-40-eksportnykh-kontraktov-05-12-2017，登录时间：2019年4月10日。

域的合作成就斐然，从乌兹别克向阿富汗的电力供应量与2002年相比增加了30倍，并且从2018年1月开始乌兹别克将运往阿富汗的电价从每千瓦7美分降至5美分。预计苏尔汉—普勒胡姆里输电线的开通将有助于解决阿方的电力能源短缺的问题，并创造新的就业机会。修建新的马扎里沙里夫—赫拉特铁路将有助于阿富汗的经济重建。预计铁路投产后，阿富汗对外贸易额将增加50%，货运量将达到每年500万吨左右。

安全方面。乌阿两国就当前区域安全问题也展开了新的互动。2018年2月10日，乌兹别克斯坦—阿富汗联合安全委员会在塔什干举行了第一次会议。除了与阿富汗的双边安全合作，乌兹别克斯坦认为，中亚各国的执法部门应该建立相应的信息交换机制，以快速、有效打击贩毒活动和恐怖分子的转移。

人文方面，考虑到阿富汗公民的教育水平在维护阿富汗安全稳定方面的重要作用，2018年1月，在乌兹别克斯坦的铁尔梅兹市成立了教育中心，向阿富汗青年提供两年、四年和六年的面授教学项目，涵盖17个高等教育领域和16个中等专业、职业教育。[①] 教育中心开办时即录取首批110名学习乌兹别克语言文学专业的阿富汗学生。预计不久之后，学生人数将增至300名。

乌兹别克斯坦已采取的、正在进行的和将要实施的所有具体措施都旨在和平解决阿富汗危机。2018年3月27日，在塔什干市举办了以“和平进程、安全合作和区域互动”为主题的阿富汗问题高级别国际会议，来自联合国、北约、欧盟、上海合作组织、俄罗斯、美国、中国、巴基斯坦、印度、伊朗、土耳

① Добро пожаловать, афганские друзья! http://uza.uz/ru/politics/dobro-pozhalovat-afganskie-druzya-23-01-2018，登录时间：2019年4月20日。

其、阿联酋、沙特、卡塔尔、德国、英国、意大利、法国、挪威、瑞典、日本和中亚国家的代表积极参会，可以说这次会议引起了国际社会的广泛关注。

在乌举行一场国际会议的建议出自乌总统米尔济约耶夫。乌认为协调各方为实现阿富汗和平的努力很有必要，主要有以下几方面原因：[①]

第一，举行此次会议的倡议是乌兹别克斯坦确保区域安全与稳定的总体战略中不可缺少的组成部分。

第二，数千年来，乌兹别克斯坦和阿富汗人民同根同源，在相同的文化和文明空间中生活、发展。乌兹别克斯坦世界经济与外交大学国际经济和政治研究中心主任阿布都拉耶夫指出，“这一历史和文明的根基为乌兹别克斯坦和阿富汗人民紧密互利、建设性合作奠定了坚实的基础。共同的遗产为在生活的各个方面进行积极和富有成果的互动提供了前景，也有助于阿富汗逐步融入区域进程”。[②]

第三，乌兹别克斯坦坚持安全不可分割原则，就这一点而言，阿富汗的安全被视为乌兹别克斯坦的安全，是实现整个中亚南亚地区稳定和繁荣的保证。

第四，乌兹别克斯坦有促进阿富汗和平进程的经验。1999年在乌方倡议下，“6+2机制”，即阿富汗邻国、俄罗斯和美国外

---

① Выступление Президента Республики Узбекистан Шавката Мирзиёева на международной конференции по Афганистану: «Мирный процесс, сотрудничество в сфере безопасности и региональное взаимодействие», http://uza.uz/ru/politics/vystuplenie-prezidenta-respubliki-uzbekistan-shavkata-mirziye-27-03-2018，登录时间：2019年4月10日。

② Абдуллаев Ш. Исторические и культурно-цивилизационные взаимосвязи народов Узбекистана и Афганистана// Международные отношения: междисциплинарный научно-теоретический журнал УМЭД. - 2018. - № 1 (71). - С.8-17.

交政策部门负责人在塔什干举行了会议，来自北方联盟和塔利班的代表也参加了此次会议。经过谈判，通过了关于阿富汗冲突和平解决基本原则的塔什干宣言，这是由阿富汗国内所有政治力量同意并接受、联合国认可的唯一正式文件。宣言主要包含以下几点：

1. 尊重阿富汗的主权、独立、领土完整和国家统一。

2. 支持阿富汗政府提出的无条件与塔利班开展直接会谈的建议。

3. 共同推动阿富汗和平进程和社会经济发展。

4. 确认国际和区域倡议对维护阿富汗和平与稳定的重要性。

美国中亚和高加索研究所所长斯塔尔对乌兹别克斯坦在解决阿富汗问题中发挥的作用予以肯定，他说："塔什干会议意义重大，为解决阿富汗问题做出重要贡献。它使中亚充分、直接地参与到共同经济和安全问题的解决。乌兹别克斯坦可以在阿富汗的发展中发挥重要作用。令人鼓舞的是，阿富汗和中亚各国在塔什干会议的成果文件中表现出统一的立场，这将使其他各方受益。"①

根据该宣言，乌兹别克斯坦继续努力推动解决阿富汗冲突的和平进程。乌外交部2018年6月18日发表的声明中提到："为了落实塔什干会议中与各方的统一立场，乌方建立了相应的联络机构，并与塔利班运动的高级代表举行了工作会议，期间讨论了为确立阿富汗长期和平稳定和经济发展而开展对话和互动的前景。

---

① Ф.Старр: Ташкентская конференция вовлекла страны ЦА в решение общих вопросов, https://ru.sputniknews-uz.com/analytics/20180329/784709/1Starr-konferenciya-v-Tashkente.html.

鉴于目前的局势，并根据乌兹别克斯坦的倡议，外交部重申愿意在乌兹别克斯坦领土内，在和平进程的任何阶段，为组织阿富汗政府和塔利班之间的直接会谈提供所有的必要条件。”①

俄罗斯中亚问题专家杜布诺夫对此评论道：“这方面塔什干的表现始终如一、十分系统。乌兹别克斯坦试图表明，由塔什干会议作为开端的进程正在进行，并将继续下去。此外，塔什干期望包括俄罗斯在内的《塔什干宣言》的所有签署国支持其在这方面的行动。”②

根据外交政策的战略优先事项和国家安全的根本利益，乌兹别克斯坦将继续为阿富汗社会经济基础设施的重建提供帮助，因为这是实现和平与繁荣的先决条件。鉴于阿富汗局势的稳定是确保区域安全的关键因素之一，只要是为维护阿富汗的和平与稳定，任何政治和经济方面的努力，乌兹别克斯坦都会支持。这不仅仅符合乌阿两国的利益，也对阿富汗和解的所有相关方有利。

四、乌方将与地区国家坚定不移地推进阿富汗走向和平

中亚国家在调解形势、支持阿富汗社会和经济重建方面积累了可靠的经验，做出重要贡献。地区国家正给予其广泛的人

---

① Заявление Министерства иностранных дел Республики Узбекистан, https://mfa.uz/ru/press/statements/ 2018/06/15184/，登录时间：2019年4月26日。

② Узбекистан заинтересован в том, чтобы доверительная атмосфера между правительством Афганистана и талибами укреплялась, https://ca-news.org/news:1455468，登录时间：2019年4月20日。

道主义援助，发展贸易关系，积极与国际社会合作，支持国际倡议并且提出自己的倡议。

由乌总统米尔济约耶夫提议组织的、在塔什干市举办的阿富汗问题高级别国际会议的成果再次表明，地区国家在解决阿富汗危机上有着共同的立场和态度。该倡议得到大国和地区国家的广泛支持。

乌兹别克斯坦认为，为了提高中亚国家阿富汗政策的效率和效果，必须在安全不可分割的原则基础上，最大程度协调地区各国的努力，通过实施在阿富汗的联合项目，共同应对来自阿富汗的威胁和挑战。而降低阿富汗威胁的最佳出路是帮助阿富汗发展经济。乌提出，在阿富汗问题上地区国家未来应在以下几个方向发力：

1. 中亚各国参与建设马扎里沙里夫—赫拉特铁路。这一铁路是乌兹别克斯坦先前所建的第一条铁路海拉坦—马扎里沙里夫铁路的延伸，它不仅对阿富汗的经济发展意义重大，对中亚国家经济也很重要。

2. 在为阿富汗培养人才和教育方面中亚各国应该通力合作。目前除了在乌兹别克斯坦成立了教育中心外，哈萨克斯坦在欧盟的帮助下也在实施2021年前针对1000名阿富汗国民的教育项目。

3. 共同努力恢复和建设阿富汗水电工程。在这方面，乌兹别克斯坦准备与地区各国开展合作，并认为此举能够促进阿富汗北部省份的稳定，也有利于合理使用跨境河流的水资源。阿富汗目前已和伊朗签署了关于利用赫尔曼德河水资源的合作协议。

4. 在中亚国家与阿富汗的边境地区实施联合工业合作项目，以促进创造新的工作岗位，推动该地区的经济和社会发展，改善阿富汗北部居民的物质生活条件。

5. 共同协助喀布尔在阿富汗境内开展地质勘探工作，并大力吸引国际金融机构参与。

6. 在防范来自阿富汗的威胁和挑战方面，地区各国的执法部门应该建立相应的信息交换机制，以快速、有效打击贩毒活动和恐怖分子。

结　语

阿富汗的稳定是地区安全乃至全球安全的关键因素，阿富汗走向和平将为中亚地区国家带来前所未有的机遇。只要是为维护阿富汗的和平与稳定，任何政治和经济方面的努力，乌兹别克斯坦都会支持。这符合乌兹别克斯坦的战略利益，也是乌外交政策的战略优先选项。

丝路文明的交融之所：乌兹别克斯坦行记

【摘要】乌兹别克斯坦自古以来是亚欧大陆的交通枢纽，各地文明在此相遇交融。本文以笔者2019年年初赴乌国旅行见闻为基础，从社会秩序、历史文化遗产和人力资源三个角度概述乌兹别克斯坦旅游业现状和前景。当下的乌兹别克斯坦承接了首任总统遗留的和平稳定大局，保存着大量举世闻名的历史文化遗迹。新上任的乌国政府正在通过吸引外资、提升基建水平、改善服务环境、提高从业人员水平和信息化管理能力等方法深化旅游业改革，推过国民经济的开放与发展。

【关键词】乌兹别克斯坦 “一带一路” 历史文化遗产 旅游业

【作者】施越，北京大学俄语学院教授。

对于大多数中国民众而言，第一次与“乌兹别克斯坦”这个国名的接触，很可能发生在中学的历史课堂上。在记述西汉时期伟大的外交家张骞出使西域的经历时，历史教科书往往会提到“大宛”“大月氏”等位于今乌兹别克斯坦境内的古代人群，以及葡萄、良马、玉石等当地知名的特产。汉代以降，东亚、南亚、西亚和欧洲的商人、工匠、僧侣和艺人途径阿姆河和锡尔河之间的河中地区，穿行于欧亚大陆各地，促进了各地区之间商品、技术、艺术和思想的交流。这一历史现象自19世纪以来被称为“丝绸之路”。20世纪后半期，随着全球化趋势日益增强，和平、发展与多元文化共生共荣逐渐成为“丝绸之路”这一名词所包含的愿景。

独立后的乌兹别克斯坦积极复兴其丝绸之路传统。在联合国教科文组织的支持下，布哈拉、沙赫里萨布兹和撒马尔罕等城市逐渐被列入世界文化遗产名录。1997年，塔什干市东北角一地铁站更名为“伟大丝绸之路站（Metro beketi «Buyuk Ipak Yo‘li»）”。以“丝绸之路”命名的银行、宾馆、旅行社、商铺、餐馆和旅游项目更是如雨后春笋一般出现。2013年，习近平主席提出“一带一路”倡议后，中乌两国的合作在丝绸之路的概念框架下得到进一步发展。

自2017年起，乌兹别克斯坦现任总统沙夫卡特·米尔济约耶夫大刀阔斧地推动经济领域改革，而旅游业是其中的优先项目。米尔济约耶夫多次颁布总统令，改革与旅游景点管理、签证制度、和航空业管理相关的制度。在一系列政策的刺激之下，仅2018年上半年，超过260万外国游客到访乌兹别克斯坦。这一数据几乎是2017年同期的两倍。[①] 丝绸之路悠久的历史、丰富的文化遗产和人们对这一概念寄托的美好向往成为乌兹别克斯坦旅游业最为宝贵的资源。

作为一名中亚问题和中亚历史的研究者，笔者一直对乌兹别克斯坦的人文风物有着强烈的兴趣。近年得知对华旅游签证制度改革的消息后，笔者于2018年下半年开始筹划赴乌国自由行，终于2019年年初得偿所愿。下文将以旅行见闻为基础，浅谈乌兹别克斯坦的历史文化资源和旅游业的发展。

一、稳定的社会秩序

如果说政治稳定是经济发展的根本保障，那首任总统伊斯拉姆·卡里莫夫执政时期成功维系的安定团结局面则为当下乌兹别克斯坦经济改革和发展奠定了坚实的基础。独立以来，卡里莫夫总统不仅领导着乌兹别克斯坦人民重建了独立的政治经济体制，而且使国家这艘大船经受住恐怖主义、极端主义和金融危机等浪潮的冲击。独立28年以来，乌兹别克斯坦借助上海合作组织维护地区和平稳定，打击恐怖主义和毒品、人口贩卖等跨国犯罪行为，并积极倡导阿富汗和平进程，成为中亚地区政治稳定的基石。在国内社会秩序方面，除独立之初的几年之外，乌兹别克斯坦当局始终将犯罪率抑制在较低水平。政府与马哈拉等基层组织通力合作，共同为普通居民提供生活服务和

① “资深导游解读乌兹别克斯坦旅游业现状”，http://www.siluxgc.com/UZ/20180912/15177.html，登录日期：2019年3月8日。

社会保障，解决民众日常的民生需求。[①]

稳定的社会秩序也在居民对于公共空间的尊重中得到反映。初到塔什干，笔者在这一方面便颇有感触。尽管经济发展水平在国际上并不处于前列，但乌兹别克斯坦的居民大多遵守排队秩序，公共场合能避免高声喧哗。塔什干市区内大部分街区平日颇为静谧，仅在上下班高峰时期有汽车鸣笛声。在城内最大的市场绰尔苏巴扎（Chorsu bozor），尽管硬件设施目前相对陈旧，但摊位空间得到有序划分。市场内人流络绎不绝，顾客接踵摩肩，但笔者并不觉嘈杂吵闹。在地铁和公共汽车上，大部分乘客均在安静等候，时常可见自发礼让长幼的行为。在塔什干通往布哈拉的阿弗拉西亚布（Afrosiyob）高铁上，大多数乘客全程保持安静，偶尔会低声交谈。笔者邻座的一位母亲一路上反复叮嘱五岁的女儿避免高声呼喊，时而将手机调至静音，以手机上的儿童益智游戏让女儿保持安静。可能是受到苏联时期大规模工业化和基础教育普及的影响，乌兹别克斯坦居民有相对较高的纪律性和公共意识。这无疑是乌国在新时期培养产业工人队伍的积极因素。

安定的社会局面不仅源自制度层面的建设和实践，其思想文化层面的支持因素同样不可忽视。苏联解体之后，为重新凝聚人心，乌兹别克斯坦首任总统卡里莫夫将帖木儿推为民族形象的代表。帖木儿（Amir Temur，1336—1405年）是14—15世纪初（对应我国历史的元末明初时期）中亚和西亚地区的著名征服者。帖木儿出生于今乌兹别克斯坦沙赫里萨布兹附近的巴

① 王明昌：《乌兹别克斯坦基层组织马哈拉》，载《国际研究参考》，2017年第2期，第8—13页。

剌鲁斯（Barlas）部落封地。在察合台王朝无法有效控制中亚大部分地区的背景下，他逐渐崭露头角，成为西察合台汗国的地方豪强，至1370年废黜西察合台汗而代之。此后的35年间，帖木儿北讨金帐汗国和罗斯诸部，南征印度次大陆北部，西伐波斯各地方王国；甚至于1402年远征小亚细亚，在安卡拉战役中击败初兴的奥斯曼帝国。因其遍及欧亚大陆西部各地的军事征服行动，帖木儿的声名远播欧洲。启蒙时代以降，欧洲的文人墨客以他的形象创作了一系列歌剧和诗词，包括意大利剧作家普契尼的《图兰朵》。在征服的同时，帖木儿搜罗西亚各地的文人工匠，将之齐聚于首都撒马尔罕和故乡沙赫里萨布兹，以雄伟华丽的宫廷、经院、寺庙和陵墓等建筑点缀新生帝国的都城。尽管这些建筑中仅有一小部分留存至今，但后人从撒马尔罕的帖木儿陵（Gur-i Amir）和沙赫里萨布兹的阿克萨莱（意为“白色宫殿”）宫城门柱即能瞥见五百多年前帖木儿开创的王朝基业。对于当代的乌兹别克斯坦而言，帖木儿遗产中同样值得发掘的是他繁衍的庞大家系及其后代中的英雄人物：明朝史籍中记载的哈烈国主沙哈鲁（Shah Rukh，1405—1447年），帖木儿第四子暨帝国的继承人；沙哈鲁之子，声名远及欧洲科学界的天文学家兀鲁伯（Ulugh Beg，1394—1449年）；北印度的征服者暨莫卧儿王朝的创立者巴布尔（Babur，1483—1530年）。帖木儿的文治武功及其重要后代在科学和政治上的成就，为当代乌兹别克斯坦留下了宝贵的精神文化资源。

受到近代欧洲启蒙思潮的影响和俄苏学界传统史观的束缚，长期以来帖木儿并未被作为正面人物宣传。但对于独立后的乌兹别克斯坦而言，帖木儿历史遗产的以下几方面特征有利于统

帖木儿塑像

一民族内外形象的塑造：首先，帖木儿的出生地（沙赫里萨布兹）和统治中心（撒马尔罕）均在乌兹别克斯坦境内，至今仍有建筑实物遗留。其次，帖木儿及其统治阶层群体的语言、族裔和宗教信仰与当代乌兹别克斯坦主体民族基本吻合。再次，帖木儿及其后裔中的杰出人物在政治、经济、文化甚至科学等多个领域有闻名欧亚的成就。

因此，自20世纪90年代开始，乌国当局尝试以帖木儿及其后裔为中心重塑国家的历史叙事和内外形象。沙赫里萨布兹、撒马尔罕和塔什干三城分别树立帖木儿站姿像、坐姿像和骑马像，意在表现其出生、统治和征战。首都塔什干的帖木儿骑马像尤其雄壮。以骑马像为中心，首都政府建设了帖木儿公园（Amir Temur xiyoboni），并以周边的乌兹别克斯坦宾馆、国际论坛会议中心、信息技术部大楼和帖木儿王朝史博物馆等建筑为背景，使传统与现代的元素交相辉映。而从首都空间布局来看，帖木儿广场与聚集了共和国政府各部门和国家历史博物馆的独立广场（Mustaqilik maydoni）构成核心行政区的东西两端：西端临安霍尔运河可眺望植棉者中心体育场（Paxtakor markaziy stadioni）和正在建设中的首都核心商业区；东端则布设面向北、东、南放射的五条大道，联通外国使馆区和重要的文教机构。西端体现国家政治之庄严肃穆，东端呈现国家历史之雄浑厚重。位于撒马尔罕和沙赫里萨布兹的两座雕像同样位于市中心。三座雕像反复出现在各类乌兹别克斯坦国家形象宣传片和旅行纪录片中。由此，帖木儿成为当代乌兹别克斯坦国家形象的重要组成元素。帖木儿相关的故事也逐渐深入人心，成为当代乌兹别克斯坦公民共同分享和传承的文化基因中的一部分。

二、丰富的历史文化遗产

今日乌兹别克斯坦境内的费尔干纳盆地、泽拉夫尚河谷和苏尔汉河地区自古以来就是欧亚大陆枢纽地带的农耕区。其中，泽拉夫尚河谷地为东亚和西亚交通的必经之地、南亚至东亚的重要渠道之一。因此历史上为丝绸之路所联系的欧亚各地文明或多或少在今日乌兹别克斯坦留下了文化印记。目前列入联合国教科文组织世界遗产名录的乌国境内景点有五处，其中四处为文化遗产。乌兹别克斯坦的历史文化遗产不仅在于其数量之多，而且在于其所呈现文化元素之丰富，能充分展现不同时期、不同地域的文明交汇融合之深意。下文试举布哈拉和撒马尔罕的几处知名景点为例。

如果说塔什干体现的是共和国的政治文化，那布哈拉则是丝绸之路悠久历史的缩影。老城内历史最长的建筑物之一为落成于9—10世纪的伊斯玛仪·萨曼尼王陵。该建筑物是中亚最古老的伊斯兰建筑，也是萨曼王朝时代（公元9—10世纪）唯一留存的建筑物。据说在13世纪初期，该建筑物因埋于地下而逃过蒙古西征的战火。1934年，苏联考古学家使之重见天日。该建筑承袭前伊斯兰时代中亚地区波斯祆教火寺的艺术传统，完全以砖石构成。其外墙表面装饰以砌砖构成花纹图案。苏联考古学家将之发掘之后，苏联时期的乌兹别克共和国当局以萨曼王陵为中心开辟一片市民公园，并仿照老城区内布哈拉埃米尔时期皇家园林的布景开挖人工湖，建筑意在让普通市民也能享受古代皇家园林的景致。人工湖以18世纪布哈拉埃米尔修建的城墙遗留部分为北界。湖南端配有儿童游乐设施和高大的摩天轮。10世纪的陵墓、18世纪的城墙和20世纪的“人民文化公园”浑然一体，让游人充分领略布哈拉历史文化的层次感和厚重感。

公园东侧的博洛豪兹清真寺（Bolohovuz masjidi）和舒霍夫水塔（Shukhovskaia Bashnia）则又是一组古典与现代结合的人文景观。建于18世纪的这座清真寺的正门建有木柱和长廊，木柱顶端有中世纪中亚建筑艺术中常见的钟乳石纹饰（muqarnas）。清真寺门前建有一个人工水池，在古代供洗礼和饮用。东侧颇具工业质感的舒霍夫水塔建于1927年。古代的水渠和人工池难以解决大规模城市普通平民的饮用水卫生问题。这座水塔正是苏联初期乌兹别克共和国当局为解决城内饮用水问题而建设的项目之一。而在当下，布哈拉市政府正将这种年过八旬的水塔改造为观景餐厅和观光塔。未来改造项目完成后，舒霍夫水塔将东西两侧的清真寺、人工池和布哈拉皇宫堡垒共同构成城内最重要的景区。

布哈拉城位于克孜勒库姆沙漠边缘，其城内水源主要依赖泽拉夫尚河下游引出的绿洲泉水。因此城内开挖水渠和人工池便成了古代王公贵族和城内居民生活用水的主要来源。以水池为中心围设教育和宗教建筑是布哈拉本地的建筑特色。此风格的集大成者为老城东南侧的“池边建筑群（Labihovuz ansambli）”。该建筑群由两座经学院和一座苏菲道堂构成，为目前老城内保留的最大类似建筑群。水池东、西、北三侧的经学院和道堂均为中亚四敞厅（Iwan）式建筑，正门立面装饰有独具中亚伊斯兰特色的艺术主题。中亚伊斯兰艺术往往突破正统伊斯兰艺术对描绘动物和人像的禁忌。其中最负盛名的正是

布哈拉古城的卡梁宣礼塔和清真寺

纳迪尔·底万–别乞经学院（Nadir Divan-Beghi madrasah）正门立面上所绘神鸟森穆夫（Simurgh）和太阳神像。而在同一立面上，这两种带有强烈祆教艺术特征的符号搭配的是用阿拉伯书法字体描绘的古兰经章句。布哈拉市在“池边建筑群”的中央人工池东北角开辟一小片餐饮观赏区。游人可在树荫下或二层小楼的露台上观赏风景，并享受具有布哈拉本地特色的美食。

如果说布哈拉老城核心景区呈现的是“小桥流水人家”的园林景致，那撒马尔罕则依然有着五百年前帖木儿朝帝都的王者气象：规模宏大的王室陵墓、中心广场雷吉斯坦（Registon maydoni）上的三座大经学院和矗立于城区制高点的兀鲁伯天文台遗址正是明证。除了帖木儿陵和“永生之王”陵墓群（Shah-i zinda）种类繁多、形式各异的立面和墓内纹饰外，撒马尔罕城内最能体现其丝路文明枢纽特征的景点是阿弗拉西亚布考古遗址博物馆中的“大使厅”壁画。该壁画最初在1965年由苏联考古学家发掘。近年来，博物馆与各国学者合作，在大使厅遗存壁画的基础上还原了壁画大部分的内容。据专家推测，大使厅四面壁画以7世纪统治撒马尔罕的君主拂呼缦（Varkhuman）为中心，描绘其接待四方来使的场景。使节中有的远自朝鲜半岛和蒙古高原，有的近在泽拉夫尚河谷地其他城邦；有佩戴冠带的汉地官员，也有戴着面罩举行仪式的祆教祭祀。①大使厅壁画呈现了一个以7世纪撒马尔罕为中心的东西方交流图景。而在21世纪的今天，布哈拉和撒马尔罕这些反映古代欧亚各地文明交融的历史文化遗产不仅是当下乌兹别克斯坦所需要深度开发

① 参见[俄]马尔夏克著:《突厥人、粟特人与娜娜女神》，毛铭译，漓江出版社，2016年，第50—70页。

利用的人文资源，同样昭示着乌国未来应该承担起的历史使命。

三、极富潜力的人力资源

与自然资源类似，历史文化资源同样需要人类组织和劳动来开发。令笔者印象深刻的是，乌兹别克斯坦的人力资源潜力长期被外界低估。首先，值得称道的是乌兹别克斯坦旅游行业从业人员的语言技能。与穿行于丝绸之路上的先民粟特人相似，长期历史互动形成的多民族聚居状态使得本地居民往往掌握两到三种语言。塔什干、布哈拉、撒马尔罕三城之间开行的阿弗拉西亚布高铁上，大部分乘务员能流利使用乌兹别克语、俄语、英语和塔吉克语与乘客交流，服务热情而周到。笔者在布哈拉和撒马尔罕两城的导游同样掌握上述四种语言，只是程度高低略有不同。即便是卫国战争后迁居至此的俄罗斯族后裔，也往往能熟练使用基本乌兹别克语和塔吉克语词汇进行简单会话。笔者在撒马尔罕的兀鲁伯经学院小憩时，曾遇到两位在此寻求与外国游客练习英语的小学生。尽管掌握的词汇和句法尚不足以表达复杂的内容，但他们的发音颇为标准，而且有着强烈的学习动机。旅游景区的商贩则在学习各类外语常用语方面更为积极。即便笔者表达婉拒购买之意，他们也积极要求了解汉语中与招徕顾客相关的表达。布哈拉的导游迪莉娅称，即便是来自伊朗、土耳其、阿富汗等英语和俄语并不通用国家的游客，她也可以勉强以乌兹别克语和塔吉克语为他们提供景点的介绍。据撒马尔罕的导游称，撒马尔罕外语学院在几年前开设了汉语系。他们也在积极地物色汉语翻译和导游，拓展接待中国游客的项目。如能建立合理的培训机制和健全的服务业管理体系，国民在语言方面的天赋将转化为乌兹别克斯坦在旅游业和对外贸易方面的优势，助推新时期的改革和对外开放进程。

其次，普通市民对于新时期的改革和对外开放有着很高的期待。在与各城居民的交流中，笔者反复听到本地居民对于近两年乌国旅游业蓬勃发展的积极评价。行走在布哈拉老城，我曾两度被当地居民邀请到家中做客。在老城开小店铺的胡赛因告诉我，近两年游客的增加让旧城居民纷纷考虑开设家庭旅馆或餐厅，分享旅游业发展的红利。尽管未曾出国，也因经济原因很少到过国内其他城市，胡赛因安装了卫星天线，热衷于收看各国电视节目、了解世界各地的新闻和文化。马蒙是布哈拉老城的另一位热情的主人。他向我咨询开设餐馆和旅店的建议，并展示各类妻女自制的手工艺品。他期待未来可以将贩售手工自制的丝织品作为副业补贴家用。

老城的商业区仍住着许多世代传承的匠人。米尔阿拉伯经学院北侧有一家规模较大的纺织品商店。许多女学徒在商店内侧的织坊中学习编制地毯的技艺。纺织品店老板告诉我，尽管她们的手工地毯制作精良，但受限于对外联系渠道，目前大规模外销仍有困难。旅游旺季来访的游客是该商店零售业务的主要对象。老城景区的一家刀具店同样面临着类似的困境。刀具店的工匠称，自己的曾祖父便在此经营刀具铺。工匠特意向我展示一种以神鸟森穆夫形象为装饰的剪刀。尽管店内刀具和工艺品制作精良，但工匠先生熟悉的定价和营销模式相对滞后，只能将商品定位为旅游旺季的纪念品。

笔者在撒马尔罕的旅店前台接待员是一位兼职打工的大学

本科生。他和家人确信国家在大力扶持旅游业发展，因此一年前选择进入旅游管理专业学习。当然，他也承认目前撒马尔罕市的旅游接待能力仍有待开发，大多数普通旅店难以完全按照国际上的星级酒店标准提供服务。塔什干的旅游业从业者希琳和努尔丁也表达了类似的观点。在签证制度改革之前，他们所接待的主要游客来自西欧和日本，一般游客团队规模不大，安排接待相对容易。近年旅游业发展起来后，游客来源逐渐多元化。旅游旺季的住宿和交通安排难度骤增。旅店服务质量的软肋也逐渐暴露出来。但他们对本国旅游业的未来发展怀有极大的热情，而且希望通过接待更多游客来推动相关配套设施的和服务的进步。

正如首任总统卡里莫夫总统所说，“乌兹别克斯坦的多民族成分决定了它的文化特征和丰富的进步潜力。”[①] 相信在米尔济约耶夫总统的大力改革之下，制度和政策的调整将进一步激发乌国人民创造美好生活的主观能动性，发掘本国的人文禀赋，全方位推动乌国新时期的社会经济发展。

结　语

尽管地理上乌兹别克斯坦为双重内陆国，但如果阿富汗和平进程推进顺利，地区互联互通事业得到长足发展，乌兹别克斯坦完全有可能成为东亚、南亚与西亚之间的枢纽，再次成为丝绸之路上的明珠。在首任总统卡里莫夫的领导下，乌兹别克

① 伊斯拉姆·卡里莫夫著:《临近21世纪的乌兹别克斯坦》，王英杰等译，北京：国际文化出版公司，1997年，第61页。

斯坦渡过了独立之初的艰难时期，建立了完整的国家政治经济制度，维持了社会秩序的长期稳定。这些都为新总统米尔济约耶夫进行深入的经济改革和对外开放奠定了坚实的基础。近两年来，乌兹别克斯坦对旅游业相关制度的改革，极大促进了该行业的发展，也让包括笔者在内的世界各地游客获得深入体验乌国历史文化和风土民情的机会。受益于历史上丝绸之路的文明交融，今天的乌兹别克斯坦一方面保存着规模可观的历史文化遗迹，另一方面生活在这片土地上的人民有着沟通八方的天赋和迎接外宾的热情。本届乌兹别克斯坦政府已将旅游业作为国家重点支持发展的行业之一。通过吸引资金改造旅游热点城市的基建、改善旅社服务环境、提高从业人员专业水平，以及通过引入信息化运营的方式，积极利用线上平台和资源进行学习和推广，乌兹别克斯坦的旅游业在不远的将来应该能得到长足的发展。与旅游业相似，相信本届乌国政府通过深化改革，主动利用外资开发国内市场，逐步推动对外开放，密切与周边国家合作，定能将本国的社会经济发展水平推上新台阶，重现古代丝绸之路的繁华。

中国与乌兹别克斯坦人文合作现状及建议

【摘要】乌兹别克斯坦独立之后，中乌关系发展顺遂，两国各领域合作不断推进。“一带一路”倡议的提出为中国和乌兹别克斯坦在政治、经济、人文等各领域合作提供了广阔的发展空间，人文合作是中乌合作的重要组成部分。中乌人文合作已取得明显成绩，构建了良好的合作平台，合作领域不断拓展，本文通过分析近年中国与乌兹别克斯坦人文合作现状、特点及问题，从而提出相应的对策建议。

【关键词】中国　乌兹别克斯坦　人文合作

【作者】苏晓宇，陕西师范大学阿富汗研究中心、陕西师范大学“一带一路”文化研究院副教授。

乌兹别克斯坦是“一带一路”建设的重要支点国家，是丝绸之路上的文明古国，也是中亚的地缘政治中心，战略地位十分重要。乌兹别克斯坦独立以来，在两代国家领导人的领导下，乌兹别克斯坦人民积极探索符合本国国情的发展道路，国家各项事业取得令人瞩目的成就，政治上长期保持稳定，经济得到持续发展，外交上取得了丰硕成果，在国际舞台上发挥着越来越大的影响力。中国与乌兹别克斯坦建交以来，两国关系稳步向前发展，已被提升到全面战略伙伴关系的新高度。两国互利合作活跃，中国已成为乌兹别克斯坦主要的贸易和投资伙伴之一，两国在政治、经济、教育、科技、人文等多领域进行了广泛的交流与合作。中国与乌兹别克斯坦开展人文合作意义重大，一方面体现了“丝绸之路”文明交流互鉴的历史；另一方面则为两国关系奠定稳定发展的基础，同时也有利于维护整个中亚地区的和平与发展。

一、中国与乌兹别克斯坦人文合作的现状

乌兹别克斯坦是一个多民族国家，该国总共有134个民族，其中乌兹别克族占78.8%，[①] 国语为乌兹别克语，俄语是通用语言。乌兹别克斯坦民众大多信仰伊斯兰教，多数属于逊尼派教徒，信徒数量位居第二位的是东正教。尽管民众多数信奉宗教，但乌兹别克斯坦是政教分离的世俗国家。

① 商务部:《对外投资合作国别指南——乌兹别克斯坦2018版》，第10页，https://www.yidaiyilu.gov.cn/wcm.files/upload/CMSydylgw/201902/201902010431059.pdf，登录时间：2019年4月28日。

乌兹别克斯坦十分重视科技和教育领域的发展。在科技领域，乌兹别克斯坦政府认为科技创新是国家强盛的源泉之一，积极制定机制、采取措施以保障基础和应用研究的发展。乌兹别克斯坦全国有180余所科研机构，[①]其中乌兹别克斯坦科学院为最大的科研机构体系，除此之外还有一些专业领域科研机构。乌兹别克斯坦科学家在地球物理及地质学、农业领域方面具有比较高的研究水平，拥有丰硕的研究成果。在教育领域，乌兹别克斯坦的中小学实行免费教育，高校则基本实行收费，大学生中有部分可获得国家预算支持，免除学费（约占10%—20%）。乌兹别克斯坦目前有60余所高等院校、1050多所中等职业学校，[②]其中知名高校有塔什干国立大学、国立东方学院等。2018年9月，乌兹别克斯坦总统米尔济约耶夫批准了《国家创新发展战略2019—2021》，在其中将人力资源发展作为创新发展战略的核心，计划提高教学质量、扩大教育覆盖面，发展国民连续教育体系，并建立灵活的干部培养体系。[③]

在科研领域，创新发展战略中提出要提高国家科研潜力和效率；建立有效的科研转化一体化机制，广泛推广科研成果；增加国家和私人资金对创新、科研、设计等相关工作的投入；保护知识产权等。[④]米尔济约耶夫总统计划通过创新发展战略

① 商务部：《对外投资合作国别指南——乌兹别克斯坦2018版》，第10页，https://www.yidaiyilu.gov.cn/wcm.files/upload/CMSydylgw/201902/201902010431059.pdf，登录时间：2019年4月28日。

② 同上。

③ 中国驻乌兹别克斯坦经参处："乌兹别克斯坦总统米尔济约耶夫批准2019—2021年创新发展战略"，2018. 9. 25，http://uz.mofcom.gov.cn/article/jmxw/201809/20180902790736.shtml，登录时间：2019年4月22日。

④ 同上。

2018年1月29日，米尔济约耶夫总统向卡尔什市的中学生赠送礼物。

的实施，提高乌兹别克斯坦在科技和教育领域的水平，力争在2030年前成为全球创新指数前50名之内的国家。

乌兹别克斯坦在人文领域的发展战略与中国之间有极大的合作空间，双方在该领域的合作不断深化。特别是2013年习近平主席提出“一带一路”倡议之后，中乌人文合作迎来了新的机遇。乌兹别克斯坦是“一带一路”建设的重要支点国家，也是丝绸之路上的历史文化重要地区，中乌两国人民通过“丝绸之路”紧密相连，曾经有深入的文化交流。乌兹别克斯坦独立以来，中乌关系保持着良好的发展态势，两国领导人于2016年将双边关系提升为全面战略伙伴关系，双边合作迈入“快车道”，中乌两国的人文合作也随之进入顺利发展时期，双方人文交流的规模和层次都在不断扩大与提高。

（一）中乌人文交流已涵盖多个领域，交流内容丰富

1. 文化交流。中国与乌兹别克斯坦文化交流的主要方式为政府主导，双方多次互派文化交流代表团，在两国举行了一系列文化交流活动，为增进中乌两国人民的了解和友谊取得了良好效果。2011年和2012年分别在中国和乌兹别克斯坦举办了乌兹别克斯坦文化日及中国文化日，极大增进了两国文化界的交流与合作。2015年中国国家画院与乌兹别克斯坦对外友协、国家艺术科学院签署了文化交流合作协议，为共同促进两国艺术发展建立合作机制。除此之外，中国各省区市文艺团体多次访问乌兹别克斯坦，为乌人民带去了丰富的文化大餐。乌兹别克斯坦文艺表演团体也多次访问中国，为中国人民了解乌兹别克斯坦璀璨文化打开了窗口。

2. 媒体交流。媒体是国家间增强人文交流的重要渠道，加强中国与乌兹别克斯坦的文化交流不能缺乏新闻媒体的参与。中央电视台俄语频道同乌兹别克斯坦国家广播电视公司之间建立了良好的合作关系，将大批中国节目和影视作品翻译引入乌兹别克斯坦，增进了乌兹别克斯坦人民对中国的了解。2018年10月，乌兹别克斯坦主流媒体代表团应中国人民对外友好协会邀请访华，访华期间代表团访问了北京和福建，考察了中国主要媒体，并与中国主要媒体代表进行了会谈，给未来中乌两国媒体在人员交流、节目制作等方面开辟了合作渠道，增进了乌兹别克斯坦媒体对中国改革开放成就和“一带一路”倡议的理解。除此之外，影视也是中乌两国在媒体领域的重要合作内容。2016年成功举办了中国电影节和乌兹别克斯坦电影节，一

批优秀的中国影视节目被翻译介绍给乌兹别克斯坦观众。

3. 教育交流。教育合作是推进中乌人文合作的基础，近年来两国教育交流取得了一系列明显成绩，教育合作日益扩大，留学生数量不断上升，学习对方语言的青年人也在增多。中国政府每年为乌兹别克斯坦提供120个政府奖学金名额，除此之外在中国留学的乌兹别克斯坦学生每年都在增加，仅在北京就有数百名来自乌兹别克斯坦的青年学生在学习。

中国与乌兹别克斯坦教育合作的主要渠道之一是孔子学院。近年来，乌兹别克斯坦民众学习汉语和感知中国文化的热情不断升高，孔子学院成为乌民众尤其是青年人学习汉语的主要途径。目前，乌兹别克斯坦主要有塔什干东方学院孔子学院和撒马尔罕外国语学院孔子学院。其中塔什干东方学院孔子学院是全世界首批孔子学院之一，每年招收350多名学生，除此之外乌兹别克斯坦多所高校和中学都设立了汉语课程。孔子学院常与中国驻乌兹别克斯坦大使馆联合举办文艺演出、电影展、图书展等活动，极大地增进了乌民众对中国历史、文化和现状的了解。

除了孔子学院之外，中国的高校中也开设了乌兹别克语专业，比如中央民族大学、上海外国语大学等四所高校内设立了乌兹别克语专业。培养掌握对方语言、了解对方国情和文化的年轻一代，为扩大两国人民的了解和交流构建了良好基础。

4. 学术交流。随着中国与乌兹别克斯坦战略关系的不断深化和“一带一路”倡议的实施，中国与乌兹别克斯坦学者和科研机构之间的合作得到持续深化，为增进两国人民的友谊和中乌两国各领域合作的深化贡献力量。中国的陕西师范大学、上海大学都成立了乌兹别克斯坦研究中心，2016年4月在新疆农业大学正式成立了乌兹别克斯坦—中国教育与科研中心。这些科研合作机构的建立不仅提高了中国与乌兹别克斯坦两国学术界的交流合作水平，同时为共同培养两国的专家学者提供了良好的平台。

5. 人才培养合作。中国和乌兹别克斯坦都是丝绸之路上的文明古国，双方都有重视教育和人才培养的传统。改革开放以来，中国大力实施人才强国战略，米尔济约耶夫总统上台后也实施和推动了一系列旨在加强人才培养和引进的政策，为中乌两国在人才培养领域的合作奠定了基础。在此背景下，中国积极协助乌兹别克斯坦培养人才，将中国改革开放的成功经验介绍给乌方专家和干部。如2018年“乌兹别克斯坦国家总统行政学院MPA领导力开发高级研修班”在上海举办，一批来自乌兹别克斯坦外交部、财政部、总统办公厅、海关等重要部门的中青年干部接受培训，中国专家为其介绍了“一带一路”、宏观经济、金融发展、国际投资、上海自贸区、城市发展规划等方面的课程，并带领学员在上海进行了实地调研。除此之外，中国的科研机构在中国政府各种培训框架下也积极开展对乌兹别克斯坦青年学者的培训合作，一批乌青年学者得到资助，在中国科研机构进行访学研究，为增进中乌两国学术界的相互了解和提高乌兹别克斯坦青年学者的研究能力做出贡献。

6. 旅游合作。中国和乌兹别克斯坦都拥有丰富的旅游资源，旅游业也是近年来两国发展的重点产业。尤其是米尔济约耶夫总统上台后，将旅游业视作国家经济发展的重要支柱产业，出台了《乌兹别克斯坦2019—2025年旅游业发展规划》，其中提出将通过简化签证、加快基础设施建设、改善服务水平等多种方式推动旅游业发展。这一政策给中国和乌兹别克斯坦在旅游领域的合作开拓了空间。乌兹别克斯坦驻华大使馆于2018年8月在北京举行了旅游推介会，给中国旅游企业和消费者介绍了乌兹别克斯坦绚丽多彩的旅游资源以及一系列针对旅游者的便利政策。除此之外，乌兹别克斯坦还在重庆等中国其他城市举办了一系列旅游推介活动，而中国的霍尔果斯等城市也在乌兹别克斯坦首都塔什干举办了旅游推介活动。这些活动极大地提高了两国旅游业界的合作兴趣，为中乌在旅游领域的务实合作打开了机会。

（二）中乌人文交流已形成多平台、多层次结构

1. 上海合作组织。中国与乌兹别克斯坦同是上海合作组织成员国，两国积极依托上合组织开展了一系列人文交流活动，其中包括建立人文交流中心、举办上合组织国家文化艺术节等一系列文化交流活动等，使上海合作组织成为中乌两国共同携手推动地区人文合作与交流的重要平台。

2. 中乌政府间合作。中国与乌兹别克斯坦政府为推动两国人文合作的顺利发展，建立了各层面的政府间合作机制。第一，中国与乌兹别克斯坦建立了政府间人文合作委员会，为统筹、规划、指导和协调两国在人文领域的各项合作发挥了核心机制作用。第二，中乌之间建立了文化部门负责人定期会晤机制，并签署了文化间合作协定，精心打造中乌民心相通工程。第三，中乌两国通过建立友好省/州关系，积极开展地方间人文交流与合作。这些机制的建设为中乌两国民心相通程度的加深奠定了

基础。

3. 友好交流协会。中国与乌兹别克斯坦十分重视民间文化交流，为推动两国及整个中亚地区人民与中国人民的友好交往，1998年成立了中乌友好协会，主要致力于在乌兹别克斯坦发扬和宣传中国文化，增进乌兹别克人民对中国文化的了解和兴趣。除此之外，2007年成立的中亚友好协会是中国与中亚各国人民友好交往的重要桥梁，该协会多次组织优秀的文化艺术团体到包括乌兹别克斯坦和中国在内的国家演出，并举办多种形式的文化活动，极大地推动了中国与中亚人民之间的友好关系。

二、中国与乌兹别克斯坦人文合作面临的问题

（一）中乌人文交流方式单一

总体而言，中国与乌兹别克斯坦之间的人文交流仍然以政府主导为主，社会力量主导和推动的交流仍然较少，尤其是乌兹别克斯坦方面同中国的人文交流与合作基本都是政府主导，没有产生社会渠道主导模式。主要是现今中乌人文合作规模较小，市场运作不成熟，因此交流方式过于依赖政府推动和主导，尚未形成符合市场经济规律的交流渠道和平台。

（二）中乌人文合作内容有待进一步深化

目前中乌之间的人文合作涉及多个领域，但部分领域仍处于起步阶段，开始时间也较短。比如旅游合作正在起步，合作内容多为举办旅游推介会，合作打造旅游路线等深度合作尚有待展开。另外在媒体领域也具有极大的进一步深化合作的空间。

（三）人文合作受到的资金支持力度较低

中国与乌兹别克斯坦之间的人文合作得到的资金支持力度较低，尤其是来自企业界的资金难以投向人文合作领域，主要原因是人文合作投资大、周期长、见效慢，但对于扩大双方企业在当地的影响力和知名度具有极大意义。因此需要中乌两国加强对企业的引导，推动企业积极参与到人文合作当中，提高人文合作的资金支持力度。

（四）欠缺优秀文化产品互鉴

中国与乌兹别克斯坦人文交流过程中，多为举办各种文化活动，但困于机制、经费、语言人才欠缺等因素，优秀文化产品尚未大规模引进双方市场。如中国一批优秀的、反映当代中国国情的影视作品尚未能介绍给乌兹别克斯坦观众，而乌兹别克斯坦优秀的文学作品也没有被引入中国市场。因此在切实发挥文化交流促进民心相通方面的作用，尚有很大提升空间。

三、促进中乌人文合作的建议

（一）建设文化交流中心

可以在中国和乌兹别克斯坦建立专门的中国/乌兹别克斯坦文化交流中心，将其作为中乌人文合作的实际载体，统筹两国人文合作，并把握中乌人文合作走向，以增进两国之间的互信程度，推动中乌人文交流的进一步深化。

（二）深化中乌智库间合作

中国学者认为，人文交流不单单指的是文化艺术活动，更重要的是不同文明间的对话、互鉴，是战略思维、战略理念的相互沟通，是对共同战略利益认知的共同强化。[①]因此，进一步深化中乌智库间合作，加强双方相互对国家政治、经济、社会等现状的跟踪研究意义重大。可以通过开展联合研究、联合培养学者等方式深化智库间合作，并通过智库合作为各自政府提出行之有效的对策建议，有助于进一步强化两国在一系列地区和国际事务上的相互理解、相互支持程度。

（三）加强媒体交流与合作

中国同乌兹别克斯坦媒体之间已有了交流和节目上的合作，但深度尚待加强。媒体是两国民众相互了解的重要渠道，中国的优秀节目和影视剧尚未成规模地引入乌兹别克斯坦，使乌民众对于中国现今形势和国情难以产生直观了解。同时，乌兹别克斯坦的影视节目更没有进入中国影视市场，中国民众对这一丝绸之路上的文明古国更是缺乏了解。因此在未来中乌两国媒体间的交流与合作具有极大的提升空间。除此之外，利用好双方流行的网络平台，做好新媒体宣传工作也将可成为中乌媒体间合作的重要方向。

---

① 王海运：《丝绸之路经济带的建设路径》，《东方早报》，2013年10月18日。

结　语

随着中国与乌兹别克斯坦关系的不断深化，人文合作的重要性日益凸显，尤其是两国在“一带一路”倡议之中的合作更需要重视人文合作的作用，大力推动建设人文合作平台，深化合作层次，对推动两国友好关系的发展意义重大。人文合作需要长期性、战略性的规划和投入，不可能取得立竿见影的效果，需要在中乌两国政府的密切合作与主导之下建设长期的合作机制和高效平台，强化公共外交和民间交流的作用，不断提升媒体合作程度，为两国人民民相亲、心相交奠定坚实基础。